ニッポンを選んだ外国人留学生は今？

日本と母国の懸け橋となって

今？

山下 誠矢

はじめに

　少子高齢化の進む日本では、働くことのできる生産年齢人口（15～64歳の働き手）に対して従属人口（15歳未満の子供及び65歳以上の高齢者）の割合が高く、社会保障費の負担の増加や社会保障の維持の困難、消費の低迷等の経済成長を妨げる人口オーナスが進んでいます。人口オーナスに対応するためには、人の不足を解決することが大切です。このような人の不足を解決するために、日本政府や日本企業等では、外国人の受入れ政策の促進や外国人人財の雇用、人の代替が可能なロボットやAIが小売店や飲食店、金融機関、コールセンター等で利活用されています。

　そのような人口オーナスが進む日本社会で筆者は、現在、大学で留学生教育・研究に携わっています。昨今、街中のコンビニエンスストアや飲食店でアルバイトスタッフとして勤務する外国人留学生や日本企業等に就労する外国人社員、日本で起業して事業を営む外国人経営者、国際結婚、小学校で外国人児童が学ぶ光景が散見されるようになりました。このような日本で受入れた在留外国人は、どのように日本社会で暮らしているのでしょうか。

　本書は、このような在留外国人が日本社会でどのように暮らしているのかという素朴な疑問に答えるための書籍です。本書では、在留外国人の日本社会での暮らしを留学、就職、起業、婚姻、子育ての視点に着眼します。専門学校と大学で計12年間の留学生教育・研究に携わってきた筆者がクラス担任や専門ゼミ等で出会った教え子たちや卒業後も個人的に親交のある教え子たちに個別にインタビューを行い、来日までの生い立ちや来日後のこれまでの苦難や栄光のリアルを伝えます。

　本書は、内容にもとづいて大きく３つの構成となっています。

　先ず、「第１章　日本社会で暮らす在留外国人」では、日本の総人口に占める在留外国人の割合の現況や日本政府が外国人の受入れを促進する近年の代表的な政策について触れます。また、筆者が留学生教育・研究の現場で出会い、個人的に親交のある在留外国人の教え子たちの日本社会での暮らしについて、本書を通じて日本社会に伝えたいと願う背景について述

べます。

　次に、「第2章　大学で学ぶ外国人留学生は今？」「第3章　就職した外国人留学生は今？」「第4章　起業した外国人留学生は今？」「第5章　婚姻した外国人留学生は今？」「第6章　親となった外国人留学生は今？」の第2章から第6章までは、筆者が留学生教育・研究の現場で出会った在留外国人の教え子たちの日本社会での暮らしを留学、就職、起業、婚姻、子育ての視点に着眼して異なる質問を設けて、個別にインタビューを行い、そのインタビュー結果をライフストーリーとして読み解いていきます。

　最後に、「第7章　地域社会の構成員として」では、日本の総人口に占める在留外国人の割合が高まる中で、地域社会で暮らす在留外国人と共生する上で求められる考え方や誰しもが日本にいながら異文化に触れることが身近なこと、留学生教育の現場から異文化理解の取組等を紹介します。

　留学生教育・研究に携わる者として、在留外国人の教え子たちの日本社会での暮らしを留学、就職、起業、婚姻、子育てという視点からリアルを届けられる機会に喜びを感じます。今後、人口オーナスが進む日本社会の将来を考える上で、在留外国人が日本社会でどのように暮らしているのかを理解し地域社会の構成員として捉えることはとても大切なことです。筆者は、在留外国人の日本社会での暮らしを応援し、そして困り事がある際にはヒアリングを行って解決していくような日本社会の輪が広がることを願っています。

　本書を通じて、留学生教育に携わる者や在留外国人の雇用主、採用担当者、外国人経営者と関わりのある方々、外国人と婚姻したパートナー、外国人児童が通う学校関係者等の在留外国人と日頃関わりのある読者だけではなく、在留外国人と日頃関わりのない読者にも在留外国人が日本社会でどのように暮らしているのかを知るキッカケになることを切に願っています。

山下　誠矢

目次

はじめに 1

第1章　日本社会で暮らす在留外国人

1　高まる在留外国人数の割合 7

2　外国人の受入れを促進する政策 11

3　筆者と在留外国人の教え子たち 15

第2章　大学で学ぶ外国人留学生は今？

1　外国人留学生の受入れと教育インフラ 21

2　技能実習生を経て外国人留学生になった
　　－マイ　ヴァン　キエンさん（ベトナム出身）－ 26

3　日本語スピーチで母国を伝える
　　－ニラウラ　ミナさん（ネパール出身）－ 29

4　資格取得に励む－ギシン　ナニ　マヤさん（ネパール出身）－ 32

5　日本留学で次のキャリアを考える
　　－李　永金さん（中国出身）－ 35

6　日本の異文化を楽しむ
　　－スポンクロフ　シンドル　イブロヒモビッチさん
　　　　　　　　　　　　　　（ウズベキスタン出身）－ 38

7　チャム族の村に日本語学校を開校したい
　　－フヌ　アイ　ニュンさん（ベトナム出身）－ 41

8　日本留学で自立心を学ぶ－史　雨菲さん（中国出身）－ 44

9　就職のための準備に励む－劉　宇瑄さん（中国出身）－ 47

10　留学生活で時間の使い方を考える
　　－レ　ティ　ロアンさん（ベトナム出身）－ 50

11　日本で焼鳥屋を経営したい
　　－テッ　アウン　リンさん（ミャンマー出身）－ 53

第3章　就職した外国人留学生は今？

1　外国人留学生の就職と在留資格変更 56

2　コンビニで店舗マネジメントを行う
　　－シルワル プラティブさん（ネパール出身）－ 61

3　管理職として経営管理を行う
　　－グエン ヴァン リンさん（ベトナム出身）－ 64

4　会計事務所で働きながら税理士を目指す
　　－ダン バン リンさん（ベトナム出身）－ 67

5　同胞の女性社長との縁に感謝する
　　－ユン ワン ヘリングさん（ミャンマー出身）－ 70

6　飲食店で店舗マネジメントの支援を行う
　　－グエン ズイ マンさん（ベトナム出身）－ 73

7　協同組合で技能実習生・特定技能外国人の通訳支援を行う
　　－チャン ゴック トゥアンさん（ベトナム出身）－ 76

8　メーカーで生産管理を行う
　　－チャリセ ヤマラルさん（ネパール出身）－ 79

9　スリランカの食文化をお弁当で伝えたい
　　－ヘワヴィタラナ チンタニ バーギャさん
　　　　　　　　　　　　　　　（スリランカ出身）－ 82

10　仕事と家庭のバランスを図る
　　－ライ ユニスさん（ネパール出身）－ 85

第4章　起業した外国人留学生は今？

1　外国人留学生の起業と在留資格変更 88

2　軌道工事業で起業した
　　－バトデルゲル ツォボーバヤルさん（モンゴル出身）－ 92

3　国際貿易事業で起業した－格日勒図さん（中国出身）－ 96

第5章　婚姻した外国人留学生は今？

1　在留外国人の婚姻の現況 100
2　同胞と婚姻して幸せに暮らす
　　－スリヤ　ムディヤンセラゲ　カヴィシュカ
　　　　エシャン　ラトナスリヤさん（スリランカ出身）－ 105
3　同胞と婚姻して幸せに暮らす
　　－ヌルザマンさん（バングラデシュ出身）－ 108
4　日本人と婚姻して幸せに暮らす
　　－エイ　タンモン／中野　瞳さん（ミャンマー出身）－ 111

第6章　親となった外国人留学生は今？

1　日本の外国人児童の現況 114
2　乳児のお子様の成長を見守る
　　－アルタンゲレル　ダライフーさん（モンゴル出身）－ 120
3　小学生と幼児のお子様の成長を見守る
　　－ゴー　ヴー　ホアンさん（ベトナム出身）－ 123
4　2人の幼児と乳児のお子様の成長を見守る
　　－ワットヘーワ　リヤナゲ　ティリニ
　　　　シャミカ　ディルルクシさん（スリランカ出身）－ 126
5　乳児のお子様の成長を見守る
　　－ムハンマドフ　ヴォリスジョンさん
　　　　　　　　（ウズベキスタン出身）－ 129

第7章　地域社会の構成員として

1　地域社会の多文化共生に必要なこと 132

2　日本で異文化に触れる 134

3　留学生教育の現場から 135

おわりに 139

参考文献 140

〈著者・執筆協力者・編集支援協力者・インタビュー協力者一覧〉......... 144

第①章 日本社会で暮らす在留外国人

❶ 高まる在留外国人数の割合

　総務省統計局が2023年4月12日に公表した「人口推計（2022年10月1日現在）」によれば、日本の総人口は、1億2,495万人でした。また、出入国在留管理庁が公表した「2022年末現在における在留外国人数について」によれば、在留外国人数は、308万人でした。このことから、2022年の日本の総人口に占める在留外国人数の割合は、2.5％となります。図表1-1に示されるように、この割合は、2013年から2022年までを見てみると年々高まっていることが分かります。

図表1-1　日本の総人口に占める在留外国人数の割合

	2013	2014	2015	2016	2017
総人口	1億2,730万人	1億2,708万人	1億2,710万人	1億2,693万人	1億2,671万人
在留外国人数	207万人	212万人	223万人	238万人	256万人
割合	1.6%	1.7%	1.8%	1.9%	2.0%
	2018	2019	2020	2021	2022
総人口	1億2,644万人	1億2,617万人	1億2,615万人	1億2,550万人	1億2,495万人
在留外国人数	273万人	293万人	289万人	276万人	308万人
割合	2.2%	2.3%	2.3%	2.2%	2.5%

（出所）総務省統計局「人口推計（各年10月1日現在）」及び出入国在留管理庁「各年末現在における在留外国人数について」をもとに著者作成

　このような在留外国人は、様々な在留資格を有して日本社会で暮らしています。ところで、在留外国人には、どのような在留資格が与えられているのでしょうか。

図表1-2　在留資格一覧表

就労が認められる在留資格 （活動制限あり）	
在留資格	該当例
外交	外国政府の大使、公使等及びその家族
公用	外国政府等の公務に従事する者及びその家族
教授	大学教授等
芸術	作曲家、画家、作家等
宗教	外国の宗教団体から派遣される宣教師等
報道	外国の報道機関の記者、カメラマン等
高度専門職	ポイント制による高度人材
経営・管理	企業等の経営者、管理者等
法律・会計業務	弁護士・公認会計士等
医療	医師、歯科医師、看護師等
研究	政府関係機関や企業等の研究者等
教育	高等学校、中学校等の語学教師等
技術・人文知識・国際業務	機械工学等の技術者等、通訳、デザイナー、語学講師等
企業内転勤	外国の事務所からの転勤者
介護	介護福祉士
興行	俳優、歌手、プロスポーツ選手等
技能	外国料理の調理師、スポーツ指導者等
特定技能	特定産業分野[注1]の各業務従事者
技能実習	技能実習生

（注1）介護、ビルクリーニング、素形材・産業機械・電気電子情報関連製造業、建設、造船・舶用工業、自動車整備、航空、宿泊、農業、漁業、飲食料品製造業、外食業（2022年4月26日閣議決定）

身分・地位に基づく在留資格 （活動制限なし）	
在留資格	該当例
永住者	永住許可を受けた者
日本人の配偶者等	日本人の配偶者・実子・特別養子
永住者の配偶者等	永住者・特別永住者の配偶者、我が国で出生し引き続き在留している実子
定住者	日系3世、外国人配偶者の連れ子等

就労の可否は 指定される活動によるもの	
在留資格	該当例
特定活動	外交官等の家事使用人、ワーキングホリデー等

就労が認められない 在留資格[注2]	
在留資格	該当例
文化活動	日本文化の研究者等
短期滞在	観光客、会議参加者等
留学	大学、専門学校、日本語学校等の学生
研修	研修生
家族滞在	就労資格等で在留する外国人の配偶者、子

（注2）資格外活動許可を受けた場合は、一定の範囲内で就労が認められる。

（出所）出入国在留管理庁「在留資格一覧表」をもとに著者作成

このように、日本には、様々な在留資格があります。筆者が留学生教育・研究の現場で出会い、個人的に親交のある在留外国人の教え子たちの日本社会での在留資格はどのようになっているのでしょうか。

　来日した外国人留学生は、勉学に励むための在留資格「留学」を有して、日本語学校で2年間程度の日本語学習を行います。その後、大半の外国人留学生は、専門学校や大学等に進学して専門教育を受けます。また、大半の外国人留学生は、日中は勉学に励みながら放課後は留学生活費を賄うために資格外活動許可を得て1週に28時間以内の範囲で、コンビニエンスストアやファーストフード店、居酒屋等で働いています。

　そして、専門学校や大学等で卒業年次になると大半の外国人留学生が日本での就職を希望し、就職情報サイトや学内の就職サポート部署、東京外国人雇用サービスセンター、アルバイト先での正社員登用、同胞の求人紹介等を通じて就職先を探します。また、就職の他にも、自ら日本で起業を志す少数の外国人留学生もいます。進路が決まると、外国人留学生は、卒業前に住居地を管轄する地方出入国在留管理官署で就労が認められる在留資格の変更許可申請を行います。

　卒業して日本企業等に就職する場合は、主に在留資格「留学」から学校の専攻科目と就職先の関連性のある業務を行う在留資格「技術・人文知識・国際業務」に変更を行います。大学で筆者の専門ゼミの教え子たちの就職先は、大手ファミリーレストランチェーンや大手コンビニチェーン（FC加盟店）、大手カレーライス専門チェーン（FC加盟店）、特定技能外国人の支援を行う登録支援機関、技能実習生を受入れる監理団体、中国食品を輸入する貿易会社、蒟蒻の製造会社、自動車部品の製造会社、訪日外国人観光客向けの免税店、国際物流会社、ホテル等様々です。

　卒業してすぐに起業する場合は、主に在留資格「留学」から企業経営を行う在留資格「経営・管理」に変更を行います。起業を志す外国人留学生の中には、就職して数年間のビジネスを学んだ後に起業する者もおり、このような場合は主に在留資格「技術・人文知識・国際業務」から在留資格「経営・管理」に変更を行います。実際に起業した教え子たちは、留学生活のアルバイト先で学んだことや就職して実務で学んだことを活かす等、

ビジネスノウハウを上手く応用してビジネスを展開するケースが散見されます。

　外国人留学生の中には、在留資格「留学」を有しながら留学生活の中で同胞と婚姻し、お子様が生まれて、お子様の在留資格「家族滞在」を得て勉学と育児の両立を図る者もいます。また、就労して日本社会での暮らしにひと段落した者の中には、同胞と婚姻して在留資格「家族滞在」を得てパートナーと日本で幸せに暮らす者や、留学生活中に日本人のパートナーと出会い、長い交際を経て婚姻し在留資格「日本人の配偶者等」を得て幸せな生活を送る者もいます。そのような婚姻して幸せに暮らす教え子たちの中には、お子様が生まれて日本で親となり、異文化の中で幼児や小学生のお子様の子育てを楽しみながら将来を見守る者もいます。このように、筆者が留学生教育・研究の現場で出会った個人的に親交のある在留外国人の教え子たちは、様々な在留資格を有して暮らしています。図表1-3は、在留資格別に見た在留外国人数です。

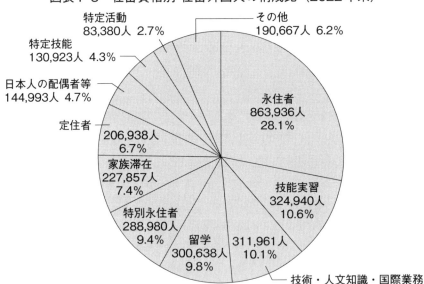

図表1-3　在留資格別 在留外国人の構成比（2022年末）

特定活動
83,380人 2.7%

その他
190,667人 6.2%

特定技能
130,923人 4.3%

日本人の配偶者等
144,993人 4.7%

定住者
206,938人
6.7%

家族滞在
227,857人
7.4%

特別永住者
288,980人
9.4%

留学
300,638人
9.8%

311,961人
10.1%

技術・人文知識・国際業務

技能実習
324,940人
10.6%

永住者
863,936人
28.1%

（出所）出入国在留管理庁「2022年末現在における在留外国人数について」をもとに著者作成

教え子たちの中には、様々な理由から日本社会で住み続けるために、在留資格「永住者」等を目指す者もいます。在留資格「永住者」を取得するためには、様々な要件がありますが、継続して10年以上滞在し、その期間のうち5年間は就労資格（在留資格「技能実習」及び「特定技能1号」を除きます）又は居住資格で滞在している必要があります。

❷ 外国人の受入れを促進する政策

　日本政府は、外国人の受入れを促進するために様々な政策を打ち出しています。筆者が留学生教育・研究の現場で影響を感じた政策には、①留学生30万人計画、②特定技能制度、の2点が挙げられます。

　先ず、①留学生30万人計画について見てみましょう。2008年に文部科学省ほか関係省庁（外務省、法務省、厚生労働省、経済産業省、国土交通省）は、日本を世界により開かれた国とし、アジア、世界の間のヒト・モノ・カネ、情報の流れを拡大するグローバル戦略として、2020年を目標に留学生30万人の受入れを目指す留学生30万人計画の骨子を策定しました。留学生30万人計画では、1.日本留学への誘い〜日本留学の動機づけとワンストップサービスの展開〜、2.入試・入学・入国の入り口の改善〜日本留学の円滑化〜、3.大学等のグローバル化の推進〜魅力ある大学づくり〜、4.受入れ環境づくり〜安心して勉学に専念できる環境への取組〜、5.卒業・修了後の社会の受入れの推進〜社会のグローバル化〜、の5つの方策項目が掲げられました。

　図表1-4に示されるように、外国人留学生の総数は、2011年3月11日に発生した東日本大震災を契機として2011年及び2012年は減少したものの、2013年以降は増加し続けて2017年に30万人を超えました。しかし、2020年の外国人留学生の総数は、2020年1月以降の新型コロナウイルス感染症の拡大に伴う入国規制によって30万人を割りました。その後、2022年3月以降は、入国規制が緩和され外国人留学生の新規入国が再開されています。

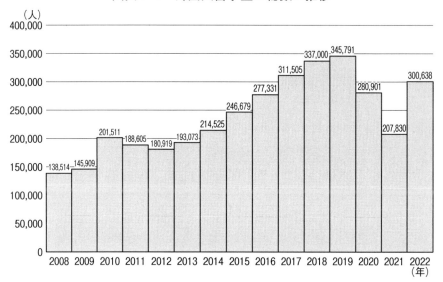

図表1-4　外国人留学生の総数の推移

（出所）出入国在留管理庁「在留外国人統計（旧登録外国人統計）結果の概要」及び「2022年末現在における在留外国人数について」をもとに著者作成

　近年では、中国や韓国等の漢字圏の外国人留学生だけではなく、ベトナムやネパール、ウズベキスタン、ミャンマー等の非漢字圏の外国人留学生が日本語学校や専門学校，大学等で勉学に励む姿が散見されます。このような外国人留学生を受入れる教育機関では、在籍する外国人留学生の留学生活の支援を日本語と母語で行う多くの外国人スタッフが働いています。

　日本語学校では、漢字圏と非漢字圏のクラスを分けてきめ細かい日本語教育が行われている学校もあります。書店で売られている日本語の教材の中には、英語や中国語、韓国語だけではなく、ベトナム語やネパール語、ウズベク語、ミャンマー語等に対応した教材もあります。都内には、日本語学校に通う中国出身の外国人留学生向けの大学進学塾も多くあり、放課後に塾に通い、専門科目や面接対策、美術大学を目指すコース等で学ぶ者もいます。日本語学校を修了後に進学する専門学校や大学等では、経営や会計、ビジネス日本語等の専門科目や資格取得のための対策講義の開講、筆者のように大学で在留外国人のキャリアを学ぶことのできる専門ゼミを

開講し、外国人留学生の就職や起業等の方法を学べる専門教育が行われています。

2008年に公表された留学生30万人計画は、2017年に数値的には達成されました。その後、2023年3月17日の日本政府による教育未来創造会議において、岸田文雄首相は、2033年を目標に外国人留学生を40万人受入れる目標を掲げました。

次に、②特定技能制度について見てみましょう。2019年4月に日本政府は、中小・小規模事業者等の人手不足の深刻化は日本経済の持続可能性の阻害になるため、人財確保が困難な特定産業分野において一定の専門性・技能を有し即戦力となる外国人を受入れる在留資格「特定技能1号」及び「特定技能2号」を創設しました。現在、特定産業分野は、介護、ビルクリーニング、素形材・産業機械・電気電子情報関連製造業（2022年に3分野統合）、建設、造船・舶用工業、自動車整備、航空、宿泊、農業、漁業、飲食料品製造業、外食業、の12分野（14業種）としています。また、日本政府が初年度に想定した在留資格「特定技能1号」の受入れ見込数（5年間の最大値）は、各分野での受入れ見込数の見直しが行われつつ、各分野の受入れ見込数を合わせた34万5,150人に設定しています。

図表1-5　特定技能外国人の総数（抜粋）

	2019	2020	2021	2022
特定技能1号	1,621人	15,663人	49,666人	130,915人
特定技能2号	0人	0人	0人	8人
総数	1,621人	15,663人	49,666人	130,923人

（出所）出入国在留管理庁「2022年末現在における在留外国人数について」をもとに著者作成

図表1-5に示されるように、在留資格「特定技能1号」を有する在留外国人は、2019年以降増加しています。また、2022年には、在留資格「特定技能2号」が初めて8人に許可されています。ところで、在留資格「特定技能1号」と「特定技能2号」には、どのような違いがあるのでしょうか。

図表1-6　在留資格「特定技能1号」と「特定技能2号」

	特定技能1号	特定技能2号
内容	特定産業分野に属する相当程度の知識又は経験を必要とする技能を要する業務に従事する外国人向けの在留資格	特定産業分野に属する熟練した技能を要する業務に従事する外国人向けの在留資格
在留期間	1年を超えない範囲内で法務大臣が個々の外国人について指定する期間ごとの更新（通算で上限5年まで）	3年、1年又は6か月ごとの更新
技能水準	試験等で確認（技能実習2号を修了した外国人は試験等免除）	試験等で確認
日本語能力水準	生活や業務に必要な日本語能力を試験等で確認（技能実習2号を修了した外国人は試験免除）	試験等での確認は不要
家族の帯同	基本的に認めない	要件を満たせば可能（配偶者、子）
支援	受入れ機関又は登録支援機関による支援の対象	受入れ機関又は登録支援機関による支援の対象外
対象分野	介護、ビルクリーニング、素形材・産業機械・電気電子情報関連製造業、建設、造船・舶用工業、自動車整備、航空、宿泊、農業、漁業、飲食料品製造業、外食業、の12分野	ビルクリーニング、素形材・産業機械・電気電子情報関連製造業、建設、造船・舶用工業、自動車整備、航空、宿泊、農業、漁業、飲食料品製造業、外食業、の11分野　※介護分野は、現行の専門的・技術的分野の在留資格「介護」があるため、特定技能2号の対象分野となっておりません。

（出所）出入国在留管理庁「外国人材の受入れ及び共生社会実現に向けた取組」及び「特定技能2号の対象分野の追加について（2023年6月9日閣議決定）」をもとに著者作成

　図表1-6に示されるように、在留資格「特定技能1号」と「特定技能2号」には、在留期間の上限の有無、技能水準の違い、日本語能力水準の確認の有無、家族の帯同の可否、特定技能外国人の支援の有無、対象分野の違い等があります。在留資格「特定技能1号」と「特定技能2号」は、国内の専門学校（専門士）や大学（学士）等の学歴要件を必要としません。

　2019年4月に日本政府が在留資格「特定技能1号」を創設以降、日本

語学校では、専門学校や大学等の進学を目指すコースの他に、日本語学校を修了後に就職を希望する者に対応するために、在留資格「特定技能1号」で就職を目指すコース等も一部で設けられるようになりました。近年、外国人留学生の新卒者向けの就職情報サイトの求人の中には、在留資格「特定技能1号」を対象とした求人も散見されるようになりました。

このような現況において、筆者の大学の専門ゼミに所属していた外国人留学生の教え子たちの大半は、大学の専攻科目と就職先の関連性のある業務を行う在留資格「技術・人文知識・国際業務」に変更して日本企業等に就職し、少数の教え子たちがビジネスを行うために在留資格「経営・管理」に変更し起業しています。卒業した教え子たちの中には、特定技能外国人の支援を行う登録支援機関で日本語能力や母語、マネジメント能力等を活かして在留資格「技術・人文知識・国際業務」に変更して就職し、日本企業等とその企業で働く特定技能外国人の懸け橋となる人財として、特定技能外国人の職場での通訳や日常生活等の支援を行っている者もいます。

❸ 筆者と在留外国人の教え子たち

総務省は、2006年3月の多文化共生の推進に関する研究会の報告書の中で、地域社会における多文化共生を「国籍や民族などの異なる人々が、互いの文化的ちがいを認め合い、対等な関係を築こうとしながら、地域社会の構成員として共に生きていくこと」と定義しました。先述したように、2022年の日本の総人口に占める在留外国人数の割合は2.5％でした。換言すれば、日本社会では、100人に2.5人の在留外国人が暮らしています。今後も日本の総人口に占める在留外国人数の割合は、日本政府による外国人の受入れを促進する多様な政策によって高まっていきます。そして、地域社会における多文化共生の理解は、日本で重要性がより一層増していくでしょう。

しかしながら、筆者は、マスメディアの記事の中で前向きな情報だけではなく、出稼ぎ、単純労働、不法就労、外国人犯罪、在留カード偽造等、

の在留外国人に関する後ろ向きな情報も見ることがあります。筆者は、このような情報を見る度に地域社会で暮らす日本人は在留外国人にどのような印象を持ち、また、教え子たちはどのような心情を抱くだろうかと考えてきました。

　外国人留学生が増加する中、筆者は、2012年4月から2016年3月までの4年間、外国人留学生を受入れる専門学校の専任教員として、漢字圏・非漢字圏の外国人留学生を対象としたクラス担任及び経営分野の講義、カリキュラム作成、学生指導、進路指導を行う素晴らしい機会に恵まれました。この4年間を通じて、留学生教育に関する入口（入試）、教育、出口（就職・進学等）の学校運営の校務に携わりました。その後、2016年4月からは、多くの外国人留学生が勉学に励む大学の専任教員として、漢字圏・非漢字圏の外国人留学生を対象とした在留外国人のキャリアを学ぶことのできる専門ゼミや経営分野及び留学生教育分野の講義、研究活動、学生指導、専門ゼミでは外国人留学生の就職や起業支援等を行っています。

　筆者は、日頃から留学生教育・研究の現場で出会う外国人留学生の教え子たちの留学生活の喜びや大変さを知る機会が多くあります。留学生活の喜びでは、大学の専門ゼミに所属するネパール国籍の教え子が母国のことを日本社会の多くの人に知ってもらう目的で学内の日本語スピーチコンテストに登壇することが決まり、登壇前の多くの発表練習や緊張を乗り越えて発表し、最優秀賞を獲得したことはこれまでにはない達成感があったと熱く語る姿がありました。また、留学生活の大変さでは、大学の専門ゼミに所属するベトナム国籍の教え子から勉学に励む傍ら飲食店のアルバイト先がコロナ禍で時間短縮となり、留学生活費を賄うためにコンビニエンスストアのアルバイトも行っていたとコロナ禍での苦労を聞くこともありました。

　筆者は、2012年4月に留学生教育・研究という天職と出会い、2023年4月で留学生教育・研究に携わり12年目を迎えることができました。留学生教育・研究に携わり12年目になると、学校を卒業して親交のある教え子たちは、日本企業等に就労し役職を持った者や日本で同胞と結婚して子育てに励んでいる者、貿易会社に就労して経験を積みお金を貯めて自ら

日本で国際貿易会社を創業した者等がいます。

　教え子たちの中には、来日して10年を超えている者がおり、就労資格の在留資格「技術・人文知識・国際業務」から在留資格「永住者」に変更した者もいます。この在留資格「永住者」は、在留外国人が最も有する在留資格です。学校を卒業した教え子たちの中には、長期的な日本社会での暮らしから日本で住み続ける理由が見つかり、在留資格「永住者」等を目指す者もいます。ところで、この在留資格「永住者」の法律上の要件とは、どのようなものなのでしょうか。

図表1-7　在留資格「永住者」の法律上の要件

(1)　**素行が善良であること** 　法律を遵守し日常生活においても住民として社会的に非難されることのない生活を営んでいること。
(2)　**独立の生計を営むに足りる資産又は技能を有すること** 　日常生活において公共の負担にならず、その有する資産又は技能等から見て将来において安定した生活が見込まれること。
(3)　**その者の永住が日本国の利益に合すると認められること** 　ア　原則として引き続き10年以上本邦に在留していること。ただし、この期間のうち、就労資格（在留資格「技能実習」及び「特定技能1号」を除く。）又は居住資格をもって引き続き5年以上在留していることを要する。 　イ　罰金刑や懲役刑などを受けていないこと。公的義務（納税、公的年金及び公的医療保険の保険料の納付並びに出入国管理及び難民認定法に定める届出等の義務）を適正に履行していること。 　ウ　現に有している在留資格について、出入国管理及び難民認定法施行規則別表第2に規定されている最長の在留期間をもって在留していること。 　エ　公衆衛生上の観点から有害となるおそれがないこと。
※ただし、日本人、永住者又は特別永住者の配偶者又は子である場合には、(1)及び(2)に適合することを要しない。また、難民の認定又は補完的保護対象者の認定を受けている者の場合には、(2)に適合することを要しない。
(注1)　本ガイドラインについては、当面、在留期間「3年」を有する場合は、前記1(3)ウの「最長の在留期間をもって在留している」ものとして取り扱うこととする。

(出所) 出入国在留管理庁「永住許可に関するガイドライン（2023年12月1日改訂）」をもとに著者作成

図表1-7に示されるように、在留資格「永住者」の法律上の要件は、大きく⑴素行が善良であること、⑵独立の生計を営むに足りる資産又は技能を有すること、⑶その者の永住が日本国の利益に合すると認められること、の３点となります。例えば、外国人留学生の場合では、日本語学校で２年間の日本語教育を学び修了後に、大学に進学して４年間の専門教育を受け、大学卒業後に日本企業等に在留資格「技術・人文知識・国際業務」等の就労資格で５年間働いて在留資格「永住者」の変更手続きが可能ということになります。また、在留資格「永住者」については、図表1-8のような特例もあります。

図表1-8　原則10年在留に関する特例

⑴　日本人、永住者及び特別永住者の配偶者の場合、実体を伴った婚姻生活が３年以上継続し、かつ、引き続き１年以上本邦に在留していること。その実子等の場合は１年以上本邦に継続して在留していること。
⑵　「定住者」の在留資格で５年以上継続して本邦に在留していること。
⑶　難民の認定又は補完的保護対象者の認定を受けた者の場合、認定後５年以上継続して本邦に在留していること。
⑷　外交、社会、経済、文化等の分野において我が国への貢献があると認められる者で、５年以上本邦に在留していること。
⑸　地域再生法（2005年法律第24号）第５条第16項に基づき認定された地域再生計画において明示された同計画の区域内に所在する公私の機関において、出入国管理及び難民認定法第７条第１項第２号の規定に基づき同法別表第１の５の表の下欄に掲げる活動を定める件（1990年法務省告示第131号）第36号又は第37号のいずれかに該当する活動を行い、当該活動によって我が国への貢献があると認められる者の場合、３年以上継続して本邦に在留していること。
⑹　出入国管理及び難民認定法別表第１の２の表の高度専門職の項の下欄の基準を定める省令（以下「高度専門職省令」という。）に規定するポイント計算を行った場合に70点以上を有している者であって、次のいずれかに該当するもの。 　ア　「高度人材外国人」として必要な点数を維持して３年以上継続して本邦に在留していること。 　イ　永住許可申請日から３年前の時点を基準として高度専門職省令に規定するポイント計算を行った場合に70点以上の点数を有していたことが認められ、３年以上継続して70点以上の点数を有し本邦に在留していること。
⑺　高度専門職省令に規定するポイント計算を行った場合に80点以上を有している者であって、次のいずれかに該当するもの。

(出所) 出入国在留管理庁「永住許可に関するガイドライン（2023年12月1日改訂）」をもとに著者作成

　教え子たちの中で在留資格「永住者」に変更した者の理由は、外国人留学生として学校卒業後に同胞と婚姻し子供が生まれて育てる中で、子供の将来を考えて日本に住み続ける必要性があることや、外国人留学生として学校卒業後に日本企業等に就職し働く中で役職を持ち新人教育を任され、長いキャリアを築いてきた結果として生活基盤が日本にあること等様々です。また、教え子たちの中には、日本社会での暮らしから日本文化や日本人の価値観を好み、日本人として生きると決めて帰化した者もいます。留学生教育・研究に携わる中で出会ってきた教え子たちの中には、様々な理由から日本社会で生涯暮らしていくと決めた者もいます。そして、筆者は、教え子たちの日本社会での暮らしを今後も応援し続けます。

　筆者は、留学生教育・研究を通じて外国人留学生だけではなく、卒業生の教え子たちと個人的な親交や談話を通じて、教え子たちが日本社会でどのように暮らしているのかを知り、地域社会における多文化共生の理解を深めることができました。そのため、本書では、日本社会で暮らす在留外国人の教え子たちがどのように暮らしているのかを留学、就職、起業、婚姻、子育ての視点に着眼し、個別にインタビューを行った結果をライフストーリーとして読み解いていきます。読者の皆様には、そのようなライフ

ストーリーを通じて、在留外国人と関わりがある方だけではなく在留外国人と関わりがない方においても、日本社会で暮らす在留外国人がどのように暮らしているのかを知ってもらう機会になりましたら幸甚です。

第②章　大学で学ぶ外国人留学生は今？

❶ 外国人留学生の受入れと教育インフラ

　出入国在留管理庁が2023年3月24日に公表した「2022年末現在における在留外国人数について」によれば、外国人留学生の総数は、300,608人でした。昨今、日本政府は、2020年1月以降の新型コロナウイルス感染症の拡大に伴って入国規制を行い、外国人留学生の総数は2020年及び2021年に30万人を割りました。その後、外国人留学生の総数は、2022年3月以降に入国規制が緩和された後の年末には30万人を超えています。

　私費で来日した外国人留学生の多くは、日本語学校で最長2年間の日本語学習を行った後に、専門学校や大学等に進学し専門教育を受けています。日本語学校の入学時期は、4月（2年間）、7月（1年9か月）、10月（1年6か月）、1月（1年3か月）の4か所で、この中でも多くの外国人留学生は、3月頃に来日して4月に新入生として入学します。日本語学校の出願要件は、日本語能力や母国での学校教育期間、年齢、留学期間の経費支弁能力等が設けられています。中でも日本語能力では、日本語能力試験（JLPT）N5相当以上の日本語能力が求められ、これらの要件を満たした上で、入学希望者は母国から日本語学校に出願を行います。図表2-1は、日本語学校の出願から入学までのフロー例です。

図表2-1　日本語学校入学のフロー例

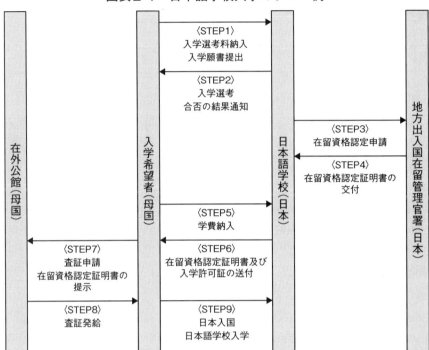

(出所) 出入国在留管理庁「在留資格認定証明書交付申請」及び「日本語教育機関への入学をお考えの
みなさまへ」をもとに著者作成

　日本語学校に入学した外国人留学生は、最長で2年間の日本語教育を受
けて専門学校や大学等の進学準備を行います。進学コースの他にも、日本
語学校には、ビジネス日本語コースや特定技能コース等の就職を目指す
コースもあります。

　日本語学校では、外国人留学生の入学時にプレースメントテストを行い、
日本語能力に応じたクラスで日本語教育が行われています。クラスには、
初級（日本語能力試験N4レベル）、初中級（日本語能力試験N3レベル）、
中級・中上級（日本語能力試験N2レベル）、上級（日本語能力試験N1レ
ベル）等があります。これらのクラスでは、「読む」「話す」「書く」「聴く」
の4技能をバランスよく学習できるカリキュラムが編成されています。ま
た、進学コースでは、進学先によって結果が求められる日本語能力試験や

日本留学試験（EJU）の対策等も行われています。そして、日本語学校で進学を目指す外国人留学生は修了年次である2年生になると、専門学校や大学等の志望校の留学生オープンキャンパスに参加し、学校説明や入試説明を聞いた上でクラス担任等と相談して受験校を決めます。

　専門学校や大学等の出願要件においても、日本語学校と同様に、日本語能力や母国での学校教育期間、年齢、留学期間の経費支弁能力等が設けられています。中でも日本語能力については、日本語能力試験N2相当以上の日本語能力が求められることが多く、大学等によっては日本留学試験の結果や英語外部試験の結果も求められることがあります。

　専門学校や大学等に入学した外国人留学生は、入学後にプレースメントテストを行い、日本語能力に応じたクラスで日本語科目を受講し、日本語能力を向上させながら専門科目の理解を深めます。例えば、人文科学での専門科目の分野には、経済学や経営学、会計学、法学、社会学等が挙げられます。この他に専門学校や大学等では、外国人留学生の学習ニーズに合わせて日商簿記検定や全経簿記能力検定、日本語能力試験、BJTビジネス日本語能力テスト等の検定対策、ビジネスプランや日本語スピーチ等の様々な学内コンテストも開催されています。

　専門学校に入学した外国人留学生は、2～3年制の学科を卒業した者には専門士が授与され、4年制の学科を卒業した者には高度専門士が授与されます。大学に入学した外国人留学生は、4年間の学びを通じて卒業した者には学士が授与されます。

　外国人留学生を受入れる専門学校や大学等では、外国人留学生の学修支援だけではなく、日頃の留学生活の相談等をクラス担任やクラスカウンセラーの担当教員が対面だけではなくSNS等も利活用して行います。現在、筆者は、大学で経営学入門や商学、ビジネスライティング、ビジネス実務等の専門科目だけではなく、3年次及び4年次の外国人留学生を対象とした在留外国人のキャリアを学ぶことのできる専門ゼミを開講し、外国人留学生の教え子たちに就職や起業等の方法を教授し、クラスカウンセラーとして専門ゼミに所属する教え子たちの資格取得支援や進路支援等も行っています。また、専門ゼミでは、教え子たちとSNSでグループを作成し、

日頃の留学生活の相談等がいつでも行えるようにしています。筆者の3年次及び4年次の専門ゼミでは、中国、ベトナム、ウズベキスタン、ネパール、スリランカ、モンゴル、日本、ミャンマー、の8か国の学生が学んでいます。最近では、漢字圏出身の外国人留学生だけではなく、非漢字圏出身の外国人留学生も増えてきました。

　図表2-2は、筆者が留学生教育・研究に携わり始めた2012年から3か年と直近3か年の日本に在留する外国人留学生の出身国の上位を示したものです。2012年から3か年は、中国や韓国、台湾の漢字圏の外国人留学生の出身国が上位でしたが、直近3か年では、中国を除く韓国や台湾が後退し、ベトナムやネパール、インドネシアの非漢字圏の外国人留学生の出身国が上位に浮上しています。このような外国人留学生の出身国の変化は、日本語学校だけではなく外国人留学生を受入れる専門学校や大学等の留学生教育のインフラでも反映されています。例えば、日本語学校の非漢字圏クラスの設置や専門学校と大学等の非漢字圏出身の外国人スタッフの雇用等が挙げられます。

図表2-2　外国人留学生の出身国の上位の比較

2012		2013		2014	
中国	113,980人 (63.0%)	中国	107,435人 (55.6%)	中国	105,557人 (49.2%)
韓国	18,643人 (10.3%)	ベトナム	21,231人 (11.0%)	ベトナム	32,804人 (15.3%)
ベトナム	8,811人 (4.9%)	韓国	17,189人 (8.9%)	韓国	15,765人 (7.3%)
台湾	4,829人 (2.7%)	ネパール	8,892人 (4.6%)	ネパール	15,697人 (7.3%)
ネパール	4,793人 (2.6%)	台湾	6,353人 (3.3%)	台湾	7,528人 (3.5%)
その他	29,863人 (16.5%)	その他	31,973人 (16.6%)	その他	37,174人 (17.3%)
総数	180,919人 (100.0%)	総数	193,073人 (100.0%)	総数	214,525人 (100.0%)

2020		2021		2022	
中国	125,328 人 （44.6%）	中国	96,594 人 （46.5%）	中国	125,940 人 （41.9%）
ベトナム	65,653 人 （23.4%）	ベトナム	46,403 人 （22.3%）	ベトナム	45,411 人 （15.1%）
ネパール	23,116 人 （8.2%）	ネパール	16,858 人 （8.1%）	ネパール	39,656 人 （13.2%）
韓国	12,854 人 （4.6%）	韓国	8,616 人 （4.1%）	韓国	14,124 人 （4.7%）
インドネシア	6,279 人 （2.2%）	インドネシア	4,686 人 （2.3%）	インドネシア	7,321 人 （2.4%）
その他	47,671 人 （17.0%）	その他	34,673 人 （16.7%）	その他	68,186 人 （22.7%）
総数	280,901 人 （100.0%）	総数	207,830 人 （100.0%）	総数	300,638 人 （100.0%）

（出所）出入国在留管理庁「在留外国人統計（旧登録外国人統計）結果の概要」及び「2022年末現在において
における在留外国人数について」をもとに著者作成

　次節からは、筆者の大学の専門ゼミに所属する外国人留学生の教え子たちに留学生教育・研究のご協力をいただき、「何故、日本に留学しようと思いましたか」「あなたが留学生活で頑張っていることは何ですか」「何故、それを頑張っていますか」、の３点のインタビュー結果を踏まえて、ライフストーリーとして読み解いていきます。

❷ 技能実習生を経て外国人留学生になった
－マイ ヴァン キエンさん（ベトナム出身）－

　マイ ヴァン キエンさんは、筆者の専門ゼミで学ぶ大学4年生の外国人留学生の教え子です。マイ ヴァン キエンさんは、2014年9月に技能実習生として来日後、実習先で防水加工及びシーリング防水工事の技能を3年間学びました。その後、マイ ヴァン キエンさんは、母国で就職を経て2018年11月に再来日し、2019年1月に外国人留学生として日本語学校に入学します。日本語学校卒業後は、2020年4月に大学に入学し、勉学に励む傍ら放課後に日本語学校の学生時代から働く個人経営の居酒屋でキッチンの仕事に携わっています。マイ ヴァン キエンさんには、個人経営の居酒屋のキッチンで働く理由があります。

図表2-3　筆者とマイ ヴァン キエンさん

※左から、筆者、マイ ヴァン キエンさん

⑴　何故、日本に留学しようと思いましたか

　留学前に私は、2014年9月に技能実習生として来日し、九州にある協同組合で1か月間、日本語や日本文化、日常生活のルール、日本の法律等を勉強しました。その後、九州にある土木工事会社で防水加工及びシーリ

ング防水工事の技能を3年間学び、2017年8月に技能実習修了証書をいただきました。

2017年9月に母国に戻った私は、友達の紹介で防水加工及びシーリング防水工事を行うホーチミン市内にある会社に就職し、そこで1年間程度、学校やマンション、住宅等に出向いて日本で学んだ技能を活かして、防水加工及びシーリング防水工事に携わりました。ホーチミン市内にある会社に就職して働く中で、今度は、日本に外国人留学生として学ぶために来日しようと思いました。その理由は、技能実習生として来日した時に見た丁寧な接客や時間を意識して熱心に働く日本人の姿、日本人の仕事の考え方等を専門的に学びたいと思ったこと、そして日本企業等の考え方を取り入れていつか自分の居酒屋を母国で作りたいと考えたからです。

私は、2018年11月に来日し、2019年1月に外国人留学生として日本語学校に入学しました。その後は、日本語学校で日本語教育を受けて2020年4月に大学に入学しました。

⑵　あなたが留学生活で頑張っていることは何ですか

私が留学生活で頑張っていることは、学業の他に個人経営の居酒屋のアルバイトです。学業の面では、日本語能力試験N2を取得した後にビジネス日本語能力を向上させようと考え、経営分野の専門科目だけではなく、専門ゼミに3年次から所属して在留外国人のキャリアとビジネス日本語を学びながら、春学期と秋学期の年2回は必ずBJTビジネス日本語能力テストを受験しています。

来日以降、私は、留学生活費を賄うために物流センターでの仕分け作業やコンビニエンスストアのレジ、ファーストフードチェーン店のキッチン、個人経営の居酒屋のキッチン等のアルバイトを経験してきました。中でも私が以前から長く続けているのは、個人経営の居酒屋のキッチンのアルバイトです。個人経営の居酒屋のキッチンのアルバイトは、日本語学校に通っていた頃の2019年4月から始めました。

アルバイト先では、キッチンスタッフとして焼き物と揚げ物を担当しています。母国でも焼き物や揚げ物は居酒屋にあります。日本では、食材の

鮮度を保つための管理方法や仕込み、焼き物や揚げ物の作り方等が母国と異なります。私は、アルバイトスタッフで焼き物と揚げ物の責任者を任されるようになり、お金をいただくお客様から「美味しかった」「ご馳走様でした」「また来ます」等の評価をいただけることに喜びを感じます。個人経営の居酒屋では、常連のお客様との付き合い方や宴会のサービス、季節によって変わるメニュー、曜日によって設ける安い特別なメニュー、食事を提供する時の丁寧な接客方法、予約やコールでの割引等も母国と異なるもので学べることが多くあります。

⑶　何故、それを頑張っていますか

　私の目標は、母国で日本の個人経営の居酒屋のような考え方を取り入れて、日本料理とベトナム料理の両方を提供する居酒屋を作ることです。私は、日本に来て初めて刺身というとても美味しい料理を食べました。九州では、馬刺しがとても美味しかったです。焼肉店では、たれがとても美味しいです。スーパーで販売しているサラダのドレッシングは、どれも美味しいです。日本にはとても美味しいものがたくさんあります。日本で技能実習生や外国人留学生として暮らしてきた私は、日本の居酒屋の雰囲気も好きになりました。

　最近では、日本の食べ物を提供する飲食店が母国のハノイやホーチミン等の都市部に増えてきています。例えば、寿司店やラーメン店、焼肉店、うどん店、日本風の居酒屋等の様々な日本料理店があります。そのため、私が母国で居酒屋を作る時には、日本料理店同士の競争がありますし、他の日本料理店と異なるような経営の工夫が必要です。

　日本の個人経営の居酒屋では、キッチンの仕事だけではなくサービス提供で様々な工夫があります。アルバイト先では、将来に繋がる多くのことを学んでいます。この他には、空き時間を見つけてYouTubeで日本の飲食店の雰囲気を確認することや、日本料理の作り方の動画を閲覧して研究をするようにしています。母国では、日本で当たり前に仕入れることができる食材が手に入らないでしょうし、ベトナムの食材を上手く日本料理に活かしていくことも大切です。

❸ 日本語スピーチで母国を伝える
ーニラウラ ミナさん（ネパール出身）ー

　ニラウラ ミナさんは、筆者の専門ゼミで学ぶ大学4年生の外国人留学生の教え子です。ニラウラ ミナさんは、2018年3月に外国人留学生として来日後、日本語学校で自分の考えを日本語で日本人だけではなく在留外国人にも伝えることを目標と考え、日本語学習に2年間励みます。2020年4月に大学入学後、ニラウラ ミナさんは、学内外問わず日本語スピーチコンテストの参加を通じて自分の考えを日本語で多くの人々に伝えることを目標としてきました。ニラウラ ミナさんには、日本語スピーチコンテストに参加する理由があります。

図表2-4　筆者とニラウラ ミナさん

※左から、筆者、ニラウラ ミナさん

(1) 何故、日本に留学しようと思いましたか

　私は、中学生の頃から母国の高等学校を卒業したら外国に留学しようと考えていました。将来について考えている時に、私は、家族や外国人留学生として来日して千葉大学で経済の勉学に励んでいた従兄に相談しました。

当初、私は、アメリカやオーストラリア等を留学先として考えていました。そこで、私は、実際に日本に留学している従兄から日本について聞いてみると、従兄から日本は女性にとってとても安心な国であることを教えてもらいました。それは、女性が夜に1人で歩いていても安心できるということです。

　従兄から日本について教えてもらった私は、日本に関心を持つようになり、調べる中で日本には良いところが多くあることが分かりました。そして、私は、留学先としての日本が気になり、母国にはない電車等の日本の技術力の高さや七夕、着物等の日本文化にも魅力を感じるようになりました。一方、日本では、母国のエベレストは世界最高峰の山として知られているものの、その他の母国のことについてあまり知られていないようでした。

　そこで、私は、母国にはない魅力がある安心な日本で外国人留学生として多くのことを学びながら、母国のことも日本で知ってもらいたいという想いを抱き、日本に留学することを高校生の時に決めました。そして、私は、2017年3月に母国の高等学校を卒業した1年後の2018年3月に来日し、4月に日本語学校に入学しました。

⑵　**あなたが留学生活で頑張っていることは何ですか**

　私が留学生活で頑張っていることは、日本語スピーチコンテストで母国のことを多くの人に知ってもらうことです。来日以降、先ずは日本語学校で自分の考えを日本語で日本人だけではなく在留外国人にも伝えられるように日本語学習に励みました。コロナ禍の2020年4月に大学入学後は、勉学の他に趣味で生き方や価値観、季節等について母語で詩を書いて同胞と繋がるSNSに公開してきました。また、空き時間を見つけては、YouTubeで在留外国人が日本での様々な経験や日本で手に入れたもの等について日本語スピーチコンテストで発表する動画を閲覧していました。

　このように、私は、同胞と繋がるSNSに詩の公開やYouTubeで日本語スピーチコンテストの動画を閲覧しているうちに、私も日本語スピーチコンテストに出場して、自分の考えを母語ではなく日本語で伝えてみたいと思うようになりました。そして、私は、大学1年生の頃から多くの人に自

分の考えを日本語で伝えるための機会を求め、学内外問わず日本語スピーチコンテストに出場してきました。

　図表2-5は、私が大学１年生の頃から出場してきた学内外の日本語スピーチコンテストでの受賞例です。私は、自分の考えを伝えられる日本語スピーチコンテストを探して、自分の考えを日本語で書き、毎日の発表練習やどのような日本語で発表すれば母国のことが伝わるかを毎日研究しながら、日本語スピーチコンテストにチャレンジしてきました。

図表2-5　ミナさんの受賞例

年	月	受賞内容
2021	3	在日ネパール人留学生による日本語スピーチコンテスト　準優勝
2022	10	西東京市日本語スピーチコンテスト　武蔵野人学学長賞
2022	10	日本経済大学留学生日本語スピーチコンテスト　最優秀賞

（出所）ミナさんのインタビューをもとに著者作成

(3)　何故、それを頑張っていますか

　私は、コロナ禍の2020年４月に大学に入学し、以前から考えていた母国のことも日本で知ってもらいたいという想いを実行することや、コロナ禍で大変な世の中であったからこそ新しいことにチャレンジしようと思いました。それは、日本語スピーチコンテストの出場です。私は、これまでに様々な日本語スピーチコンテストに出場して母国のことについて日本の多くの人に対面や動画、紙等を通じて伝えることができました。また、賞受賞では、母国の家族だけではなく日本でお世話になっている大学の先生や同胞の知り合いもとても喜んでくれました。

　私がこのように日本語スピーチコンテストで母国のことを伝えることは、日本人や在留外国人の方々に母国のことを知ってもらえただけではなく、私のチャレンジが同胞の後輩たちの留学生活の励みになればと思います。母国と日本の友好の懸け橋には様々な方法があります。私は、日本語スピーチコンテストを通じて母国と日本の友好の懸け橋を考えてきました。

④ 資格取得に励む
ーギシン ナニ マヤさん（ネパール出身）ー

　ギシン ナニ マヤさんは、筆者の専門ゼミで学ぶ大学4年生の外国人留学生の教え子です。1人っ子であるギシン ナニ マヤさんは、母国の両親の日本留学の応援に感謝し、2018年7月に来日して8月に日本語学校に入学し日本語学習に励みます。その後、ギシン ナニ マヤさんは、2020年4月に大学入学後、日本語能力試験N1合格やBJTビジネス日本語能力テスト502点取得、TOEIC Listening & Reading Test 870点取得等の様々な資格試験にチャレンジしてきました。ギシン ナニ マヤさんには、資格試験にチャレンジする理由があります。

図表2-6　筆者とギシン ナニ マヤさん

※左から、筆者、ギシン ナニ マヤさん

(1) 何故、日本に留学しようと思いましたか

　私は、中学生の時に母国で子育てをしている従姉から外国人留学生として来日した時に感じた日本の便利で快適な生活について教えてもらいました。その日本の便利で快適な生活とは、どこにでもあるコンビニエンスス

トアで飲食料品だけではなく日用化粧品等も購入できることや、オンラインで買い物をして宅配できること、電車やバス等がスケジュール通りに運行されていること、街の交通ルールが守られていること、街がきれいなこと等です。当時、私は、そのような従姉の話を聞いて日本という国はどのような国なのだろうかと関心を持ちました。また、日本のアニメをテレビで見ていた時には、そのアニメで見える景色と従姉の話を重ねながらよく日本という国について想像しました。そして、私は、高校生になってから日本に留学したいという強い気持ちを持つようになりました。

　高等学校卒業後は、日本に留学するために母国の日本語学校に通って日本語の勉強を始めました。当時、両親は、1人娘である私が日本に本当に留学できるのかと不安に思っていたようです。そんな両親の気持ちを知っていた私は、自分の目標を達成するために頑張れるということを両親に知ってもらって安心してもらうために、日本留学の1つの条件であった日本語能力試験N5の合格を目標としていました。その後、私は、日本語能力試験N5に合格して両親が日本留学を応援してくれました。そして、私は、日本に2018年7月に来日し、日本語学校に8月に入学後も日本語学習を続けました。

⑵　**あなたが留学生活で頑張っていることは何ですか**

　私が留学生活で頑張っていることは、主に語学系、そして将来のことを考えてビジネス系の資格取得の学習です。私は、これまでに日本語能力試験N5、日本語能力試験N3、日本語能力試験N2、日本語能力試験N1と順番に日本語能力試験に合格しました。その他には、BJTビジネス日本語能力テスト502点やTOEIC Listening & Reading Test 870点を取得しました。

　語学の知識を向上させるために、日本語の学習では、日本語学校や大学等の教室で学ぶ時間の他にビジネス日本語を活用できるアルバイト先を選んで飲食店やコンビニエンスストア等の接客、人材紹介会社での事務等の仕事に携わってきました。この他には、多くの日本語に日頃から触れる生活を意識しており、自宅で夕食を作る時間や洗濯物を取り込んでいる時間等に日本のアニメをYouTubeで聞き流しています。留学生活では、教室

での日本語学習だけではなく、自宅で毎日2時間程度の学習時間を設けることや、日本語学習で学べない日本語に触れるアルバイト先の機会も大切にしています。

　大学2年生の2021年12月に日本語能力試験N1を受験し合格後は、ビジネス日本語能力を向上させようと考えてBJTビジネス日本語能力テストを年に2回受験しています。また、母国で学び続けた英語は、日本企業等では活かせると考えてTOEICを受験するようにしています。現在は、語学系の資格取得の学習だけではなく、日商簿記検定3級の学習も平行しています。

⑶　何故、それを頑張っていますか

　私がこれまでに語学系の資格取得に励んできた理由は、資格取得のための学習の過程で得られた知識は合否を問わず、日本で長く暮らすために役立つと考えているからです。在留外国人にとって日本語能力は、日常生活や就労での円滑なビジネスコミュニケーション等で役立ちます。また、日本語能力試験N1やBJTビジネス日本語能力テスト480点以上を取得することは、在留資格の視点からも様々なメリットがあることを大学の専門ゼミで学びました。

　最近では、日本で暮らす在留外国人が増えてきています。そのため、私は、日本語や英語だけではなく、母語のネパール語や小さい頃から触れる機会のあったヒンディー語等も日本で暮らす在留外国人のために役立てられるように、将来の仕事で活かしたいと考えています。例えば、不動産会社では、多様な国籍の在留外国人のお客様が母語で相談したい時もあると思います。そのような時には、お客様の分かる言語で対応できる語学力に加えて、ビジネス系の知識も必要になってくると思います。

　ビジネス系の知識では、どのようなビジネスパーソンでも働く会社の財政状態や経営成績を知ることは大切です。そこで私は、語学学習と平行して日商簿記検定3級の学習もしています。また、私は、日本の不動産の契約手続きに悩む在留外国人が多いため、不動産の契約手続きを理解する意味で宅地建物取引士の取得にも関心があります。

❺ 日本留学で次のキャリアを考える
ー李 永金さん（中国出身）ー

　李 永金さんは、筆者の専門ゼミで学ぶ大学3年生の外国人留学生の教え子です。李 永金さんは、2007年に母国の高等学校卒業後に金型メーカーに就職した後、2012年に自ら金属加工を行い金型メーカーに部品を納品する金属加工会社を大連市内に設立します。その後、李 永金さんは、会社経営を行いながら将来のキャリアを考える出来事を経験し、日本に留学することを決めました。李 永金さんは、2019年5月に来日して日本語学校で勉学に励み、大学進学後は将来のキャリアの可能性について考えています。李 永金さんには、将来のキャリアの可能性を考える理由があります。

図表2-7　筆者と李 永金さん

※左から、筆者、李 永金さん

⑴　何故、日本に留学しようと思いましたか

　2007年に中国の河北省にある高等学校を卒業後、私は、自分でお金を稼いで早く自立しようと考え、大連市内にある金型メーカーに就職しました。その金型メーカーでは、金型の組立の仕事に5年間携わりました。そして、金型メーカーを退職した後、2012年には、5年間働いて貯めたお金

や両親から援助してもらったお金、借入等で大連市内に金属加工会社を設立し、オフィス契約や金属加工の技術者2名の雇用、工作機械の設備を揃えました。2012年の創業当初は、大連市内にあるお客様の金型メーカーに営業して金属部品のサンプルを制作して受注することや、お客様からの依頼で金属部品を制作して納品し会社経営は順調でした。

しかしながら、2013年からは、外部の経営環境の変化に伴ってお客様の金型メーカーの受注が少なくなり、その影響が私の会社にも及んで金属加工の仕事も少なくなってしまいました。その後、2014年には、コスト削減に伴って大連市内でオフィスを移転して経営努力を続けた結果、2015年には工作機械の借入を返済することができました。私は、会社経営を継続して行っていこうと考えていましたが、外部の経営環境の変化や今後の必要となる資金、周囲のことを考えて2016年に会社をたたみ、工作機械は近所の金属加工会社に貸すことにしました。私は、仕事がなくなった後にしばらく休憩してから洗車や焼肉等の小型店の経営にもチャレンジしてみましたが、利益はほとんど出ませんでした。2017年からは、そのようなオーナーの仕事を辞めて正社員の仕事を探すことにしましたが、仕事内容や給料の面で仕事探しが思うように上手くいかず、将来のキャリアについて考えるようになりました。そんな時、私は、長く日本に住み子育てに励む姉から日本留学を通じて将来のキャリアを考えてはどうかと勧められ、30代で日本に留学することを決めました。

⑵　**あなたが留学生活で頑張っていることは何ですか**

私が留学生活で頑張っていることは、留学生活を通じて将来のキャリアの可能性を大きくすることです。日本留学が決まった私は、2019年3月に大連市内で中学校の友達と遊んでいた時に転んでしまい足を骨折してしまいました。そのため、私は、3月末に来日し日本語学校の4月の入学式に出席することが叶わず、足の具合が良くなった2019年5月に来日し、日本語学校の授業に1か月遅れて出席しました。

私は、大学進学を目指すために遅れた1か月間の学習時間を取り返すために、放課後はしばらく自宅で日本語学習をすることにしました。2019

年7月からは、日本語学校の友達が紹介してくれた居酒屋でたこ焼きを作るアルバイトを始めました。その後、日本語学校の2年生となった私は、2020年7月に日本語能力試験N2を受験しようと思いましたが、コロナ禍で受験はできませんでした。そして、日本語学校2年生の2020年12月の日本語能力試験N2受験で合格することができました。

　2021年1月からは、接客を通じて日本語を学びたいことやコンビニエンスストアの店舗経営を学んでみたいと思い、コンビニエンスストアで夕勤のアルバイトを始めました。2021年4月に大学進学後も私は、学業に励みながらコンビニエンスストアのアルバイトを続けています。大学に入学後は、経営分野の専門科目や在留外国人のキャリアを学べる専門ゼミで学びながら、日本語の学習も継続しています。私は、大学1年生の2021年の7月と12月の日本語能力試験N1の受験結果は不合格でしたが、大学2年生の2022年7月の3回目の日本語能力試験N1の受験で合格することができました。現在は大学3年生となり、在留外国人のキャリアを学べる専門ゼミに所属し、BJTビジネス日本語能力テストの受験や将来のキャリアについて考えています。

(3) 何故、それを頑張っていますか

　私は、母国での就職や会社経営、仕事探しの難しさ等を経験し、30代で日本に留学して将来のキャリアの可能性について考える機会に恵まれました。これまで私が経験した母国での就職や会社経営、仕事探しの難しさ等、そして日本留学の機会で学んできたことは、今後のキャリアに活かすことができます。私は、2021年1月から始めたコンビニエンスストアのアルバイトを通じてサービスの優れた接客や店舗経営を学ぶだけではなく、コンビニエンスストアの店舗経営を行う在留外国人のオーナーが多くいることも知ることができました。将来、私は、日本でコンビニエンスストアのオーナーとして店舗経営し、もう一度ビジネスにチャレンジしたいです。

❻ 日本の異文化を楽しむ
－スポンクロフ シンドル イブロヒモビッチさん
（ウズベキスタン出身）－

　スポンクロフ　シンドル　イブロヒモビッチさんは、筆者の専門ゼミで学ぶ大学３年生の外国人留学生の教え子です。スポンクロフ　シンドル　イブロヒモビッチさんは、2018年５月に母国で中央アジアの調理が学べる専門学校を卒業後に、数か月の日本語学習を経て来日し、2019年４月に福島県にある日本語学校に入学しました。そして、2021年４月に大学入学後は、学内外問わず異文化に触れる機会を大切にしています。スポンクロフ　シンドル　イブロヒモビッチさんには、異文化に触れる機会を大切にする理由があります。

図表2-8　筆者とスポンクロフ　シンドル　イブロヒモビッチさん

※左から、筆者、スポンクロフ　シンドル　イブロヒモビッチさん

(1)　**何故、日本に留学しようと思いましたか**
　私は、中学生の頃に友達が日本のアニメにはまっている光景を見ることがありました。そんなある日、私は、友達から日本のアニメを一緒に見な

いかと誘われ、ロシア語で翻訳された日本のアニメを見てとても面白いと思いました。日本のアニメを見て以来、私は、日本のアニメが好きになり、ロシア語で翻訳された日本のアニメを見るだけではなく、いつか日本語でアニメを深く理解して楽しみたいと思うようになりました。さらに、私は、日本のアニメを通じて日本という国にも関心を持つようになったのです。

　私は、母国の9年制の初・中等教育を行う学校を2015年5月に卒業後、2015年9月に中央アジアの調理が学べる専門学校に入学しました。専門学校に入学後3年間は、プラフやラグマン、サモサ等の調理を学びながら独学で日本語の勉強もしていました。日本語を勉強しながら私は、日本語でアニメを見るだけではなく、日本には古くから続く伝統的な技術や建物、お祭り等の豊かな文化、最先端技術、世界的に有名な多くの自動車会社、素晴らしいビジネスマナー等があることを知りました。そして、私は、そのような独特な文化を有する日本で異文化体験をしてみたいと考えて日本留学を決めました。

　専門学校在学中に日本留学することを決めた私は、2018年5月に専門学校を卒業後にサマルカンド市内の多言語を学べる大学で数か月間の日本語学習を経て、2019年4月に福島県にある日本語学校に入学しました。

⑵　あなたが留学生活で頑張っていることは何ですか

　私が留学生活で頑張っていることは、日本で異文化を学ぶということです。私の祖父は、ウズベキスタン人で祖母がロシア人、父がそのハーフです。母国は、多様な文化が入り混じる中央アジアに位置しており、私は子供の頃から様々な異文化に触れる生活環境に恵まれました。そのため、私は、母語のウズベク語の他にロシア語、タジク語、トルコ語等も分かります。

　2019年4月に福島県にある日本語学校に入学してからは、日本語学習を続けた結果、コロナ禍の2020年12月の日本語能力試験N2に合格できました。2021年4月に大学入学後は、日本語を学びながら経営学や経済学、会計学等の専門科目や留学生活で触れ合う異文化を学ぶことも大切にしています。

　大学では、日本語で専門科目を学ぶ他に3年次の専門ゼミで中国、ベト

ナム、ウズベキスタン、ミャンマー、日本、の5か国の学生が1つの教室で在留外国人のキャリアについて学んでいます。また、私は、仲間たちとビジネス日本語の学習に励み、2023年6月にBJTビジネス日本語能力テスト458点を取得しました。私は、そのような学習環境で多様な国籍の学生と談話を通じて仲間の文化や宗教、価値観、ビジネスの考え方等も学んでいます。放課後は、2021年5月から始めたコンビニエンスストアのアルバイト先で、日本のビジネスマナーや母国と異なる商品陳列、在庫管理等を学んでいます。また、日本には、イスラム教を信仰するムスリムのためのモスクやハラルフード等の母国の日常生活とは異なる視点からも学びがあります。

(3) 何故、それを頑張っていますか

　日本で異文化を学ぶことは、私の夢である国際貿易会社を作るということに役立ちます。国際貿易会社を作るということは、様々な国の人々とビジネスを通じて民間外交を行うということです。その民間外交を円滑に行うためには、言葉だけではなく国籍が異なる人々の背景となる文化や宗教、価値観、ビジネスの考え方等を理解することも大切です。

　来日してから私は、日本で母国のほしいと思う飲食料品がスーパーマーケット等で販売されていないことに気づきました。例えば、母国の飲み物や食材、調味料、菓子等が挙げられます。日本で暮らす同胞は、私と同じように母国のほしいと思う飲食料品を身近に購入できません。このような日本留学を通じた日頃の暮らしからも異文化を学び、私は、日本で暮らす同胞が母国の飲食料品を身近に購入できるようにするだけではなく、日本人にも母国の飲食料品や品質の高いカーペットを知ってもらえるようにしたいです。他方、母国では、日本の品質の高い電気製品等はとても人気がありますし、日本の在庫を持たない経営や素晴らしいビジネスマナー、商品保証の考え方等はとても参考になります。

　このように、私は、母国と日本の異文化から両国の良さや日本社会で暮らす同胞の日常生活の課題、母国にはない日本企業等の経営の考え方を知ることができました。日本留学で異文化を受入れて学んでいくことは、私

の将来の夢に活かせることが多くあります。

❼ チャム族の村に日本語学校を開校したい
ーフ ヌ アイ ニュンさん（ベトナム出身）ー

　フ ヌ アイ ニュンさんは、筆者の専門ゼミで学ぶ大学４年生の外国人留学生の教え子です。フ ヌ アイ ニュンさんは、2015年５月に高等学校卒業後、日本留学の留学費用を工面するためにホーチミン市内のラーメン店や美容院で働いた後、2018年４月に北海道上川郡東川町の日本語学校に入学し、日本での留学生活が始まります。日本留学では、何事も諦めない気持ちを持つように心掛けています。フ ヌ アイ ニュンさんには、日本留学で何事も諦めない気持ちを持つ理由があります。

図表2-9　筆者とフ ヌ アイ ニュンさん

※左から、筆者、フ ヌ アイ ニュンさん

⑴　何故、日本に留学しようと思いましたか

　私が高校生の頃に日本のNPOがボランティアで実家のあるチャム族の村に日本語学校を作ってくれました。そんな時、チャム族の村には、日本

人の方々が来られ、ボランティアで運営している日本語学校に同胞が日本語を学ぶ光景がありました。その光景を見た私は、日本という国に関心を持つようになり、高等学校卒業後に日本留学を意識するようになりました。

　2015年5月に高等学校卒業後、私は、日本留学の準備をしていました。しかし、留学費用を工面することは、容易なことではありません。そのため、私は、少しでも留学費用を工面するためにホーチミン市内にある日本人のオーナーが経営するラーメン店で、ホールのアルバイトスタッフとして1年くらい働きました。私は、その店で日本人の従業員と日本語でコミュニケーションを行う機会が多くあり、聴解や会話の日本語能力が向上しました。その店は、醤油ラーメンや塩ラーメン、味噌ラーメンの他に唐揚げがとても人気です。

　その後、私は、ホーチミン市内にある百貨店に入っていた美容院で正社員として受付の仕事に1年くらい携わりました。正社員として働く2017年には、日本語能力試験N5に合格し、美容院の2週間の研修として日本の茨城県内でビジネスマナーを学ぶ機会がありました。

　研修の機会を通じて、私は、実際に日本の土地を踏んで日本留学したいという気持ちがさらに強くなり、帰国後は日本に留学することを決めました。私は、日本の留学費用の工面にとても苦労しましたが、奨学金制度や寮費補助、町の受入れ体制がとても良い北海道上川郡東川町の日本語学校に2018年4月に入学することが叶いました。

⑵　あなたが留学生活で頑張っていることは何ですか

　私が留学生活で頑張っていることは、何事も諦めない意識を持つことです。日本留学では様々なチャレンジの機会があります。日本留学前には、留学費用の工面を解決するために高等学校卒業後はホーチミン市内でラーメン店や美容院で2年間働きながら、ずっと日本留学のことを考えていました。

　そして、日本留学後には、北海道上川郡東川町の日本語学校で日本語学習を通じて2019年7月の日本語能力試験N2に合格することができました。放課後には、東京ほどアルバイト先はないかもしれませんが、寿司屋のホー

ルや農場、工場、建設現場で働く技能実習生の管理を行う協同組合で通訳支援、自動車の販売代理店の事務等のアルバイトを通じて東川町に住むやさしい日本人の方々と日本語でコミュニケーションを行う多くの機会にも恵まれました。そのお陰もあり、2019年7月に受験した日本語能力試験N2合格の結果では聴解部分の得点が満点でした。

　日本語学校卒業後は、2020年4月に道内の大学に進学し経営や経済等の専門科目を学びながら、2020年12月には日本語能力試験N1に合格することができました。その後、私は、コロナ禍ではありましたが、日本の様々な最先端が集まる街にある大学で学んでみたいと思い、オンラインで留学生オープンキャンパスに参加して大学について理解を深め、2021年4月に現在の大学に2年次編入学しました。

　東京の留学生活では、様々な国籍の外国人留学生が将来に向けて勉学に励み、同胞が経営者となってオフショア開発のIT会社やベトナム料理店、ベトナム食材店等のビジネスにチャレンジしている光景が散見されます。そのような光景を見ながら、私は、将来の目標のために今を頑張ろうという気持ちが高まります。大学に2年次編入後は、大学で経営や経済等の専門科目を学ぶ他に専門ゼミで在留外国人のキャリアを学びながら、オフショア開発のIT会社のインターンシップの参加や衣服販売店でのアルバイト、テレビ局で同胞の取材を通じた番組の通訳や日本語の文字起こし等も行っています。

⑶　**何故、それを頑張っていますか**

　私が日本留学で何事も諦めない意識を持つようにしている理由は、将来、実家のあるチャム族の村で日本語学校を開校したいと考えているからです。そのために、私が日本留学で経験してきたことや大学卒業後に経験することは、将来の夢であるチャム族の村に日本語学校を開校する時に役立つと思います。私は、チャム族の同胞が日本に留学できる方法を一緒に考えて希望を与えたいことや日本語を学び異文化に触れる楽しさ、日本に留学したチャム族の同胞が学校を卒業後に活躍する姿を想像しています。

❽ 日本留学で自立心を学ぶ－史 雨菲さん（中国出身）－

　史 雨菲さんは、筆者の専門ゼミで学ぶ大学4年生の外国人留学生の教え子です。史 雨菲さんは、2016年10月に来日して日本語学校で日本語学習後、2018年4月にビジネス系の専門学校に進学し経営や会計等の専門科目を学びました。その後、コロナ禍の2020年4月に大学に進学した史 雨菲さんは、これまでの留学生活を振り返り、日本留学でより一層自立心を学べるように新しい取組にもチャレンジしてきました。史 雨菲さんには、日本留学で自立心を学ぶ理由があります。

図表2-10　筆者と史 雨菲さん

※左から、筆者、史 雨菲さん

⑴　何故、日本に留学しようと思いましたか

　私は、高校生の頃にシャンプーやリンス等の美容商材の販売会社を経営している父から、日本かフランスのどちらかの国に留学することを勧められました。検討した留学先が日本とフランスである理由は、当時、父の会社が日本企業等と提携していたことやフランスの美容商材が世界的に有名であること、そして両国が安全であるからです。

私は、日本とフランスについて調べているうちに日本留学の方が私に合うと思うようになりました。そのように思った理由には、日本は全体的な教育水準が高いことや教員の教育指導が良いこと、四季があって自然環境も良く地理的な位置についても私の故郷である瀋陽市からとても近いこと、母国の瀋陽桃仙国際空港から日本の成田国際空港までは直行便が多くあり、4時間程度と両親も安心できる距離であったこと等が挙げられます。また、私が留学先の文化に溶け込むのが難しいかもしれないという懸念については、日本と中国の文化の違いが小さいことを知ることによって不安を解消することができました。そして、私は、留学先として日本とフランスで検討した結果、高等学校卒業前に日本留学を決めました。

　2016年6月に高等学校を卒業後、私は、日本に留学するために瀋陽市内の日本語学校で日本語を勉強しました。その後、2016年10月に来日して千葉県にある日本語学校に入学し、私の留学生活は始まりました。

⑵　あなたが留学生活で頑張っていることは何ですか

　私が留学生活で頑張っていることは、日本留学の機会を活かして自立心を学ぶということです。子供の頃から両親は、私の身の回りの世話や私の将来のことに関する応援をずっとしてくれていて、1人娘である私のことをとても大切にしてくれています。両親は、私が困らないようにいつも生活の全てを応援してくれます。また、母国では、両親だけではなく周囲の高校時代の友達もとても親切です。

　そのようなこともあって、私は2016年10月に来日してからは、勉学の他にも自分で行動しなければ始まらないことや、自分と向き合う時間ができたこと、母国の両親や友達について日本留学という機会があったからこそ気づけた感謝について想うようになりました。

　2016年10月から日本語学校に入学後は、日本語学習に励みました。そして、日本語学校卒業後は、2018年4月に2年制のビジネス系の専門学校に入学し、簿記や国際経済、ビジネスマナー等を学び専門士を取得しました。コロナ禍での2020年3月に専門学校卒業後、私は、自立心をさらに学ぶことや将来のことを考えながら2020年4月に大学に進学しました。

母国を離れてコロナ禍で大変なこともありましたが、大学に進学してから
は、勉学の他にこれまでの留学生活を振り返り新しいチャレンジを試みる
ようにしています。

　私は、これまでに日本に留学してから同胞と交流することが多かったた
め、大学進学後は同胞だけではなく他国の学生と触れ合う機会を大切に
しています。現在所属する在留外国人のキャリアを学ぶ4年次の専門ゼミで
は、中国、ベトナム、ネパール、ウズベキスタン、スリランカ、モンゴル、
の6か国の仲間と交流する機会があり、勉学だけではなく多様な異文化も
学んでいます。

　その他にも大学に進学する前は、両親が全ての留学生活費を支援してく
れていたこともあり、アルバイトをしたことがありませんでした。そのよ
うな留学生活を振り返り、私は、大学進学後は飲食店のホールやコンビニ
エンスストアの販売等のアルバイトを行って留学生活費の一部を賄うだけ
ではなく、日本人と一緒に働く機会も得るように努めてきました。また、
日本留学した同胞に少しでも役に立ちたいと思い、私は、大学の留学生オー
プンキャンパスで日本語学校から大学進学を検討している同胞の通訳支援
にもチャレンジしました。

(3)　何故、それを頑張っていますか

　私が日本留学で自立心を学ぶ理由は、両親が私のことをいつも応援して
世話してくれたように、いつか両親の頼りにされながら世話できるように
なりたいからです。私は、年齢が高くなってきた両親の健康状態が気にな
ることがあります。私は、両親に日本留学を決めたことを尊重して賛同し
てくれたことにいつも感謝しています。私は、日本留学で自立心を学び、
将来はビジネス能力や生活能力を持って両親の頼りになるようにします。

❾ 就職のための準備に励む－劉 宇瑄さん（中国出身）－

　劉 宇瑄さんは、筆者の専門ゼミで学ぶ大学4年生の外国人留学生の教え子です。子供の頃から日本について知る機会のあった劉 宇瑄さんは、2018年4月に来日して2年間の日本語教育を受けた後、コロナ禍の2020年4月に大学に入学しました。大学生活では、早い時期から日本での就職活動を経て、職業経験が積める機会を得る工夫をしてきました。劉 宇瑄さんには、早い時期から日本での就職活動を経て、職業経験が積める機会を得る工夫をしてきた理由があります。

図表2-11　筆者と劉 宇瑄さん

※左から、筆者、劉 宇瑄さん

(1)　何故、日本に留学しようと思いましたか

　私が子供の頃には、吉林省通化市内で母方のやさしい祖母と一緒に暮らし、日本で仕事をしていた母から日本の経済や文化、観光地等の母国と異なる日本について教えてもらう機会がありました。そして、私は、子供の頃から日本がどのような国なのかと関心を持つようになりました。さらに、私は、日本のことを知ろうと思い調べてみると、日本には世界中にファン

がいるアニメや伝統衣装の綺麗な着物、環境を配慮したゴミ分別の仕組み、世界中が参考にしているビジネスマナー等の独特な文化があることが分かりました。

このように、子供の頃から日本という国について知る機会があった私は、高校生の頃から高等学校卒業後は日本に留学することを意識していました。もちろん、日本に留学する前は、母国と異なる日本文化に馴染むことができるのか、そして日常生活で困らない日本語でコミュニケーションが行えるか等の不安を感じることもありました。そのため、私は、高校3年生の頃から通化市内にある日本語学校に通い、その抱えていた不安を母国にいる時に少しでも解消できるように、高等学校の勉強と平行して日本語も勉強していました。そして、私は、母国にいる時にJ.TEST実用日本語検定のF級の認定を受けました。

その後、私は、2018年3月に来日して4月に東京にある日本語学校に入学しました。日本留学前に抱えていた不安は、留学生活で学内外の時間を過ごすと共に徐々になくなり、日本での暮らしに適応し楽しめるようになりました。

⑵　あなたが留学生活で頑張っていることは何ですか

私が留学生活で頑張っていることは、大学卒業後の就職に向けて準備を行っていることです。外国人留学生の就職活動から卒業までは、大学3年4月から2月までの就職活動の準備、大学3年3月からの会社説明会の参加、大学4年6月から始まる筆記試験や面接後の内々定、大学4年10月から11月までの内定や在留資格変更準備、大学4年12月からの在留資格変更手続き、大学4年3月の卒業等、の流れがあります。

このような流れを早期に理解していた私は、外国人留学生の就職活動はとても大変だと思いました。そのため、私は、大学4年生の頃からではなく大学3年生の頃から「日本と中国のビジネスに携われる」「一般事務を学ぶことができる」等の考えを持って就職活動を始めました。私は、大学3年生の頃に就職情報サイトで複数の求人を探して履歴書を提出し、面接を受けて大学4年生の2023年4月に国際物流会社の内定を得ました。

その後、私は、2024年4月から内定を得た国際物流会社で正社員として働く前にアルバイトとして一般事務の仕事に携わっています。国際物流会社の一般事務のアルバイトの仕事では、ワードやエクセルを用いて見積書や請求書の作成、メールや電話の対応、備品管理、税理士対応、給与計算等を行っています。私が大学卒業後の2024年4月に国際物流会社に正社員として働く時には、現在のアルバイトとして携わっている一般事務の仕事が全てできるようにします。

(3)　何故、それを頑張っていますか

　私が大学卒業後の就職のための準備を行う理由は、早い時期から職業に求められる知識の習得や経験を積むことができるからです。学生時代には、学業面では日本語能力試験N2合格やBJTビジネス日本語能力テスト450点を取得し、専門ゼミでも在留外国人のキャリアについて学び、放課後には様々なアルバイトを経験してきました。また、私は、大学3年生の頃から就職活動を行い、現在は内定先の国際物流会社で一般事務のアルバイトの仕事を通じて正社員になった時に求められる実務を学んでいます。

　一般事務のアルバイトの仕事では、ワードやエクセルを用いて見積書や請求書の作成、メールや電話の対応、備品管理、税理士対応、給与計算等を行う機会があります。これらの機会では、2024年4月から正社員として働く仕事を早期に学ぶことができます。私は、仕事を通じてワードやエクセル、会計で分からないことを本で調べて解決する習慣ができ、自分に足りないスキルについても理解することができました。この他にも、一般事務の仕事では、社内外の様々な同胞や日本人のお客様との対面や電話、メール等の接点が多くあり、母国と日本の特有なビジネスマナーの理解等も大切であることが分かりました。私は、大学や内定先の環境を活かして、早い時期から職業に求められる知識の習得や経験を積むように心掛けてきました。このような機会に学んだことは、大学卒業後に正社員として働く時に役立ちます。

❿ 留学生活で時間の使い方を考える
―レ ティ ロアンさん（ベトナム出身）―

　レ ティ ロアンさんは、筆者の専門ゼミで学ぶ大学３年生の外国人留学生の教え子です。レ ティ ロアンさんは、高等学校卒業後にハノイ市内に住む従姉から新聞奨学生として日本に留学する方法を教えてもらいました。その後、2019年３月に来日して原付免許を取得後に静岡県浜松市内の日本語学校に入学します。日本語学校卒業後、レ ティ ロアンさんは、2021年４月に大学進学後も勉学に励みながら、留学生活の時間の使い方にメリハリを付けるようにしています。レ ティ ロアンさんには、留学生活の時間の使い方にメリハリを付ける理由があります。

図表2-12　筆者とレ ティ ロアンさん

※左から、筆者、レ ティ ロアンさん

⑴　何故、日本に留学しようと思いましたか
　私は、高校生の時に他国の留学を通じて現地の生活を体験したいと思い、留学先として日本と韓国を検討していました。そして、私は、高校生の時にYouTubeで日本人の働き方や数分遅れた電車の乗客に対して駅員さん

が丁寧にアフターフォローしている動画を閲覧する機会があり、日本のサービスの良さに関心を持ち、日本を留学先として意識するようになりました。

2017年5月に母国の高等学校を卒業後、私は、ハノイ市内に住む父方の従姉の家に居住して1年くらい幼児の子供の世話をしていました。その時に私は、従姉から新聞奨学生として学費や生活のサポートをしてもらいながら日本で留学生活を送る方法があることを教えてもらいました。

2018年4月から私は、ハノイ市内にある日本語学校で日本語と日本の交通ルールの勉強を始め、毎日の日本語学習を続けた結果、2018年8月に日本語能力試験N5と日本語能力試験N4に合格することができました。2018年10月には、新聞奨学生の面接を受けて11月には日本留学することが決まり、その後もハノイ市内の日本語学校で日本語と日本の交通ルールの勉強を続けました。

そして、私は、2019年3月に来日することが叶って、すぐに神奈川県内で原付免許を取得し、その後は静岡県浜松市内にある日本語学校に2019年4月に入学しました。

⑵　あなたが留学生活で頑張っていることは何ですか

私が留学生活で頑張っていることは、時間の使い方にメリハリを付けることです。私は、2019年4月に静岡県浜松市内にある日本語学校に入学後、日本語学習に励みながら放課後は新聞配達の仕事を行っていました。

1日の始まりは、深夜の2時頃に起床して新聞販売店に行き、夜の2時半から朝の5時までチラシの折り込みや朝刊の配達を行います。そして、新聞配達の仕事が終わった後は朝の5時半くらいに帰宅して2時間くらいの睡眠を取ります。その後、朝の7時半に起床して朝食を取って午前中は日本語学校で日本語の授業を受けます。放課後は、帰宅して昼食を取って少し休んで15時に新聞販売店に行き、17時まで夕刊の配達を行います。その後、17時半くらいに帰宅して家事を行って夕食を取った後に、毎日2時間くらい日本語学習を行います。1日の終わりは、夜の10時くらいには就寝します。新聞販売店では、1週間に1日の休みや、日曜日は朝刊の

みで1週に28時間を超えないようにシフトは調整されます。

　日本語学校入学後は、日本語学校での授業の他にも自宅で毎日2時間くらい継続して日本語学習も行ってきました。その結果、私は、2019年12月に日本語能力試験N3に合格した後、2020年7月はコロナ禍の影響で日本語能力試験N2を受験することはできませんでしたが、2020年12月の日本語能力試験N2に合格することができました。

　そして、2021年4月に東京の大学に進学後は、経営分野や会計分野の専門科目や在留外国人のキャリアが学べる専門ゼミで専門知識を学びながらアルバイトとして新聞配達の仕事を行っています。私は、会計分野に関心を持っていて大学3年生の夏季に日商簿記検定3級に合格し、現在は日商簿記検定2級の合格を目指して勉強しています。また、在留外国人のキャリアを学ぶ専門ゼミでは、外国人留学生の就職活動の方法やビジネス日本語を学んでいます。専門ゼミでは、年に2回のBJTビジネス日本語能力テストの受験が必須となっており、2023年7月にはBJTビジネス日本語能力テスト427点を取得することができました。

(3)　何故、それを頑張っていますか

　私が留学生活での時間の使い方にメリハリを付ける理由は、学校の勉強の時間と新聞配達の仕事の時間はいつも決まっており、空いている時間をどのように有効的に使うかと考えているからです。母国の同世代は、私よりも早く大学を卒業して就職しています。そのため、私は、将来のために空いている時間は日本語で書かれた経営分野や会計分野の専門科目の教科書を読み理解を深めることや、BJTビジネス日本語能力テストや日商簿記検定2級の学習に時間を使うようにしています。

　もちろん、学習が捗らない時は、思い切って自分が好きなことをして気分転換を行うこともあります。時間の使い方にメリハリを付けることは、物事に集中する時には大切です。

⑪ 日本で焼鳥屋を経営したい
－テッ アウン リンさん（ミャンマー出身）－

　テッ アウン リンさんは、筆者の専門ゼミで学ぶ大学3年生の外国人留学生の教え子です。テッ アウン リンさんは、小学生の頃から日緬の貿易会社を日本で営む叔父の生き方に憧れを抱いていました。小学生の頃に日本留学することを決めたテッ アウン リンさんは、2019年4月に日本語学校に入学後は日本語学習に励み、2021年4月に大学入学後は起業するための専門科目の学習と放課後に飲食店でアルバイトを行っています。テッ アウン リンさんには、大学で起業するための専門科目の学習と放課後に飲食店でアルバイトを行う理由があります。

図表2-13　筆者とテッ アウン リンさん

※左から、筆者、テッ アウン リンさん

⑴　何故、日本に留学しようと思いましたか

　私は、小学生の時から日本に留学することを決めていました。なぜならば、私にとって憧れの叔父が日本で日緬の貿易会社を営んで暮らしていたからです。叔父は、今から20年くらい前に外国人留学生として来日し、

名古屋市内の日本語学校に通った後、東京にあるビジネス系の専門学校で学び、卒業後は日緬の貿易会社を作って貿易事業を始めました。

　当時、叔父のように母国から日本に留学して日本語学校や専門学校に通い、専門学校を卒業後に会社を作るのはとても珍しいことでした。現在、叔父は、貿易事業の他にも技能実習生や特定技能外国人の受入れ等にも取り組んでいます。私は、小学生の時から母国を離れて日本で様々なチャレンジをしている叔父の生き方に憧れを抱いていました。叔父のチャレンジする姿を知っていた私は、中学生、そして高校生になっても日本に留学したいという気持ちは変わることがありませんでした。2017年3月には、母国で高等学校卒業試験を受け、その結果が6月に出て合格することができました。私は、母国の大学進学も可能な状況ではありましたが、迷うことなく日本に留学することを決めました。

　そして、私は、日本に留学するために2017年8月からヤンゴン市内の日本語学校で日本語を1年半くらい学んで日本語能力試験N4に合格後、2019年3月に来日して東京の日本語学校に4月に入学しました。

⑵　あなたが留学生活で頑張っていることは何ですか

　私が留学生活で頑張っていることは、大学で起業するための専門科目の学習と放課後の飲食店でのアルバイトです。2021年4月に大学進学後、私は、日本語だけではなく経営分野や会計分野の専門科目、在留外国人のキャリアを学ぶ専門ゼミで外国人留学生の就職や起業等の方法を学んでいます。

　日本語の学習では、2022年7月に日本語能力試験N1に合格し、2023年6月にはBJTビジネス日本語能力テスト420点を取得しました。専門ゼミでは、外国人留学生の就職方法だけではなく起業方法についても学んでいます。専門ゼミでは、実際に起業した在留外国人がどのようにしてビジネスノウハウを学んで会社を作ったのかを知り、在留資格「経営・管理」の変更や更新の手続き、会社のホームページの大切さ、法人口座の開設方法等も学んでいます。私が専門ゼミで学んだことで大切だと思ったことは、在留外国人がアルバイトや正社員での実務を通じてビジネスノウハウを身

に付けていく方法です。

　将来、私は、日本で飲食店を経営したいと考えて、来日してからは油そばや居酒屋、焼鳥屋等でアルバイトをしてきました。このような飲食店では、放課後にアルバイトスタッフとしてホールとキッチンを経験しながら、ビジネス日本語や接客、ホールの案内や注文、配膳、会計の流れ、キッチンの仕込みや料理の作り方、ホールとキッチンの連携、店舗管理者の仕事の役割等を学ぶことができました。

(3)　何故、それを頑張っていますか

　私が大学で起業するための専門科目の学習と放課後の飲食店でのアルバイトを行ってきた理由は、将来日本で飲食店を経営したいからです。飲食店の中でも、私は、焼鳥屋の経営に関心を持っています。ある日、私が東京の巣鴨にある焼鳥屋に同胞と飲みに行った時に、焼鳥の値段が1本120円くらいで安くてとても美味しい焼鳥屋で飲食を楽しむ機会がありました。そのお店は、家族のように雰囲気が良く、常連客が集って談話を楽しみ、ビールやサワーを飲みながら美味しい焼鳥を安い値段で食べることができます。そんな素晴らしい焼鳥屋での出来事が忘れられず、私は、将来は日本で焼鳥屋を経営したいと思うようになりました。叔父からは、大学卒業後に日緬の貿易会社に就職しないかという話をいただいたこともあります。そんな時に、私は、将来は日本で焼鳥屋を経営したいという話を叔父にすると、自分の背中を押してくれました。

　現在、私は、大学3年生となって起業するための専門科目の学習と放課後の飲食店でのアルバイトを行いながら卒業後のことを考えています。大学卒業後、私は、将来の夢である日本で焼鳥屋を経営する方法は2つあると考えています。1つ目は、大学在学中にアルバイトとして飲食店の経験を積んだ上で開店資金の準備を行い、大学卒業後すぐに焼鳥屋を営むという方法です。2つ目は、大学卒業後に正社員として焼鳥屋に就職して数年間の経営を学びながら開店資金を貯めて経験を積んだ上で焼鳥屋を営む方法です。

第❸章　就職した外国人留学生は今？

❶ 外国人留学生の就職と在留資格変更

　日本語学校を卒業して専門学校や大学等に進学した外国人留学生は、大半の外国人留学生が日本企業等に就職を希望しています。私が大学で携わる専門ゼミにおいても、外国人留学生の教え子たちは、大半が日本企業等の就職を希望しています。ところで、国内の外国人留学生の就職状況は、どのようになっているのでしょうか。

図表3-1　外国人留学生からの就職目的の処分数等の推移

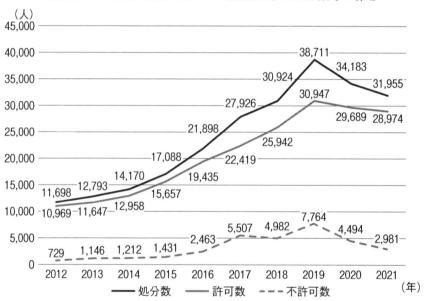

（出所）出入国在留管理庁「2021年における留学生の日本企業等への就職状況について」をもとに著者作成

図表3-1に示されるように、2012年から2021年までの日本企業等への就職を目的とした在留資格変更の許可数は、新型コロナウイルス感染症の水際対策に伴う入国制限によるインバウンド需要減少や帰国等の影響を受けた 2020 年及び 2021 年を除いて増加しています。換言すれば、この許可数の増加は、日本企業等の外国人留学生の採用ニーズの増加です。

　長く続いた新型コロナウイルス感染症の水際対策に伴う入国制限は、2022年から緩和されました。そして、2022年からは、訪日外国人観光客や技能実習生、外国人留学生、ビジネスパーソン等の入国が可能となりインバウンド需要が回復しています。そのようなインバウンド需要の回復は、就職情報サイト等を閲覧してみると、外国人留学生の多様な求人にも現れています。先述したように、筆者の専門ゼミの教え子たちの就職先は、大手ファミリーレストランチェーンや大手コンビニチェーン（FC加盟店）、大手カレーライス専門チェーン（FC加盟店）、特定技能外国人の支援を行う登録支援機関、技能実習生を受入れる監理団体、中国食品を輸入する貿易会社、蒟蒻の製造会社、自動車部品の製造会社、訪日外国人観光客向けの免税店、国際物流会社、ホテル等でした。

　図表3-2に示されるように、外国人留学生の求人は、就職情報サイト等を検索して探してみると、インバウンド需要の回復に伴って多様な求人が散見されます。訪日外国人観光客や技能実習生、外国人留学生、ビジネスパーソン等が入国することは、在留外国人において多くの雇用を創造します。

図表3-2　外国人留学生の多様な求人例

求人	仕事内容
日本語学校	外国人留学生受入れの学生募集や生活指導、学籍管理、入管申請業務等
進学塾	大学・大学院進学を目指す外国人留学生向けの受験対策、教務事務等
飲食チェーン店	店舗マネジメントやアルバイトスタッフとして働く外国人留学生の募集や管理、教育、評価等
不動産会社	在留外国人向けに賃貸不動産の案内やSNSでの紹介、内部見学、契約手続き等
貿易会社	商品ニーズ調査や新商品企画、工場調査、製造管理、仕入先交渉、貿易事務等
携帯販売会社	在留外国人向けにスマートフォンの販売やインターネット回線の営業、顧客管理等
グローバルECサイト	国内の商品トレンドの分析や国外からの商品仕入、ECサイト運営・管理等
免税店	店舗マネジメントや訪日外国人観光客の購買支援、商品管理等
コンビニエンスストア	店舗マネジメントや在庫管理、売上分析、アルバイトスタッフとして働く外国人留学生の教育等
旅行会社	訪日外国人観光客の旅行ニーズの調査や旅行プランの提案、旅行先施設の予約、観光案内等
ホテル	訪日外国人観光客のフロント対応やロビーサービス、客室業務等
物流・倉庫会社	物流センターでの倉庫管理や進捗管理、アルバイトスタッフとして働く外国人留学生の教育等
協同組合	日本企業等の技能実習生や特定技能外国人の受入れのサポートや通訳支援、生活支援等
人材会社	エンジニア職やインハウス通訳・翻訳職、製造管理職の人材派遣や人材紹介等
行政書士事務所	在留外国人向けの在留資格変更・更新、帰化、起業等に関する行政書士業務の補助等
会計事務所	外国人経営者の経営相談、会計ソフトを活用した領収書等のデータ入力、決算書の作成支援業務等

（出所）山下誠矢「外国人留学生の求人から実感するインバウンド需要の回復」公益財団法人橋本財団のOpinionsをもとに著者作成

外国人留学生の求人が多様化する中で、筆者の専門ゼミでは、外国人留学生の教え子たちの大半が日本企業等の就職を希望しています。そのような外国人留学生の教え子たちが大学卒業後に日本で就職する場合は、在留資格「留学」から活動目的に合った就労資格に変更する必要があります。

図表3-3　大学卒業後の主な就労資格例

在留資格	「技術・人文知識・国際業務」	「特定活動46号」	「特定技能1号」
活動目的	就労	就労	就労
対象業務	大学等で習得した自然科学や人文科学等の専門知識や外国文化等の思考を活かせる業務	日本の大学又は大学院で習得した素養や高い日本語能力を活かせる業務	特定産業分野の12分野（14業種）に該当する業務
在留期間	更新制限なし	更新制限なし	通算で上限5年まで※「特定技能1号」修了後は「特定技能2号」に在留資格変更が可能。
学歴要件	・国内外の大学等の卒業・日本の専門学校卒業※国外の大学等を卒業した方は国内の大学等の同等以上の教育を受けた証明が必要。	日本の大学卒業又は日本の大学院修了	不問
日本語要件	目安として日本語能力試験N2相当以上	日本語能力試験N1又はBJTビジネス日本語能力テスト480点以上	日本語能力試験N4相当以上
賃金要件	日本人と同等以上の報酬額	日本人と同等以上の報酬額	日本人と同等以上の報酬額
家族帯同	可能	可能	基本として不可
転職	可能	可能	可能

（出所）山下誠矢「【ポイント①】留学生の新卒採用者の在留資格変更」株式会社翔泳社のHRzineをもとに著者作成

図表3-3に示されるように、大学卒業後に日本企業等に就職する教え子たちは、在留資格「留学」から「技術・人文知識・国際業務」「特定活動46号」「特定技能1号」等の就労資格に変更します。筆者の専門ゼミに所属し卒業した教え子たちの大半は、「留学」から「技術・人文知識・国際業務」に在留資格変更を行い日本企業等に就職しています。その他には、「特定活動46号」「特定技能1号」等の就労資格で日本企業等に就職することも可能です。

　日本企業等に就職後、教え子たちには、長く働き続けて社内で管理職として勤める者や転職を通じてキャリアアップを図る者、同胞の友人が起業した会社を支援する者、仕事で学んだビジネスノウハウを活かして起業を検討する者等がいます。また、来日して10年を超えている教え子たちの中には、日本企業等で働き続けて日本社会で暮らす中で、日本で長く暮らす理由ができ、「技術・人文知識・国際業務」から「永住者」に在留資格変更した者もいます。

　次節からは、留学生教育・研究に携わってきた筆者が大学の専門ゼミを通じて外国人留学生の教え子たちと出会い、大学卒業後の日本企業等に就職した後も個人的に親交のある教え子たちに留学生教育・研究のご協力をいただき、「現在、どのような仕事をしていますか」「何故、その仕事に携わろうと思いましたか」「携わっている仕事の面白さは何ですか」、の3点のインタビュー結果を踏まえて、ライフストーリーとして読み解いていきます。

❷ コンビニで店舗マネジメントを行う －シルワル プラティブさん（ネパール出身）－

　シルワル プラティブさんは、大学3年生と4年生の頃に筆者の専門ゼミに所属し大学卒業後も個人的に親交のある教え子です。シルワル プラティブさんは、2022年3月に大学を卒業後の4月にコンビニエンスストアのフランチャイジーとして、全国に数十店舗のコンビニエンスストアを展開する会社に就職しました。その後、都内のコンビニエンスストアで店舗管理者として店舗マネジメントの仕事を行っています。シルワル プラティブさんには、コンビニエンスストアで店舗管理者として店舗マネジメントの仕事に携わる背景があります。

図表3-4　筆者とシルワル プラティブさん

※左から、筆者、シルワル プラティブさん

(1)　現在、どのような仕事をしていますか

　私は、大学卒業後の2022年4月にコンビニエンスストアのフランチャイジーとして、全国に数十店舗のコンビニエンスストアを展開する会社に就職しました。現在は、都内にあるコンビニエンスストアの店舗管理者と

して店舗マネジメントの仕事に携わっています。

　店舗マネジメントの仕事では、アルバイトスタッフの教育や仕事の完了確認、売上分析、商品在庫状況や商品棚等の店内確認、発注業務、精算業務、事務作業、お客様のご要望の対応、本部の営業方針の確認や展開等を行っています。担当する複数店舗は、日本の方々だけではなく、中国やネパール等の外国籍のアルバイトスタッフの方々にも支えられています。

　入社して2年目となり、今後の私のキャリアでは、コンビニエンスストアの他店舗の管理者になることも考えられます。そのため、1年目に店舗管理者として店舗マネジメントを行ってきた仕事は、他店舗の管理者になった時にも活かせる大切な実務経験です。

　現在、私は、入社して店舗マネジメントを行ってきた経験を活かして他店舗の管理を担当する予定があります。担当する予定の店舗は、東京の山手線の沿線近くにあり、多くの在留外国人が暮らす地域にあります。そのため、日本語が分からないお客様には、日本語だけではなく母語のネパール語の他に扱える英語やヒンディー語等でサポート方法を考えて店舗利用の促進を図っていきたいです。

⑵　何故、その仕事に携わろうと思いましたか

　2016年7月に来日して日本語学校入学後は、日本語を学習しながら放課後に留学生活費を賄うために、工場で弁当の製造や物流センターで荷物の仕分け等のアルバイトに携わりました。2018年4月に大学入学後には、日本語の学習を続けてきたことで日本語能力にも少しずつ自信が持てるようになりました。そして、私は、昔から世界中に賞賛される日本の接客に関心があったこともあり、2018年5月から放課後にコンビニエンスストアで接客に携わることにしました。

　私は、大学で経営科目や専門ゼミで在留外国人のキャリア等の専門科目を学び、放課後にはアルバイトを通じて日本の接客について理解を深めることができました。大学4年生のコロナ禍の2021年4月からは、求人もコロナ禍前よりも少ない中で、先ずは就職活動を通じて広い視点で様々な日本企業等について知り、理解を深めながら就職先を探すことにしました。

そのお陰もあって、大学4年生の時にコロナ禍ではありましたが、複数社の内定を得ることができました。

　その後、私は、日本で長く暮らしていく自分自身の将来について考えました。昨今では、同胞の経営者がダルバートを提供するネパールカレー店が都内の各駅に散見され競争が起きています。そのような中、私がダルバートを提供するネパールカレー店の経営は難しいです。そのため、私は、昔から日本の接客に関心があったことやコンビニエンスストアでのアルバイトで学んだ経験を積んだ先には店舗経営を学び、いつか自分でコンビニエンスストアの店舗経営を行えたらと考えるようになりました。そして、私は、大学卒業後に「留学」から「技術・人文知識・国際業務」に在留資格を変更してコンビニエンスストアのフランチャイジーとして展開する会社に就職しました。

　就職後の2022年5月には、母国で妻と結婚することを叶えるために、大変有難いことに会社から了承を得て休暇をいただきました。現在、私が店舗管理者として担当する店舗では、2022年12月に「家族滞在」で来日した同胞の妻も1週に28時間以内でアルバイトスタッフの1人として働いています。

⑶　携わっている仕事の面白さは何ですか

　私は、コンビニエンスストアの店舗管理者として店舗マネジメントの仕事を行っています。この仕事の面白さは、店舗経営を学べる他に立地によって店舗経営の方法が変わることです。現在担当する店舗は、日本人の家族や子供のお客様がよく来られ、たくさんのリピーターのお客様が足を運んでくれています。

　店舗管理者として担当を予定している他店舗は、現在担当する店舗と異なり多くの在留外国人が暮らす地域にあるため、客層も異なれば商品の展開方法も異なることが考えられます。その他には、お客様の商品ニーズの把握や配置方法等によって店舗の売上高が変わることも仕事の面白さです。

❸ 管理職として経営管理を行う
－グエン ヴァン リンさん（ベトナム出身）－

　グエン ヴァン リンさんは、大学3年生と4年生の頃に筆者の専門ゼミに所属し大学卒業後も親交のある教え子です。グエン ヴァン リンさんは、2022年3月に大学を卒業後の5月に技能実習生や特定技能外国人の受入れと管理を行う協同組合に就職して、通訳支援や生活支援等に携わりました。その後、2023年4月に母国の故郷で子供の頃から交流のある親友が経営する会社に転職し、管理職として経営管理の仕事を行っています。グエン ヴァン リンさんには、親友の会社で管理職として経営管理の仕事に携わる背景があります。

図表3-5　グエン ヴァン リンさんと筆者

※左から、グエン ヴァン リンさん、筆者

⑴　現在、どのような仕事をしていますか

　私は、大学卒業後の2022年5月に技能実習生や特定技能外国人の受入れや管理を行う協同組合に就職し、同胞の通訳支援や生活支援等の業務に約1年携わりました。

その後、母国の故郷で子供の頃から交流のある親友が来日して日本留学を経て、2019年に都内で起業した会社に2023年4月に転職しました。親友が経営する会社では、美容事業、国際貿易事業等を展開しています。現在、会社では、管理職として経営管理の仕事に携わっています。経営管理の仕事は、主に社内で経理業務や財務業務、経営戦略等のコンサルティング、ビジネス文書保管や管理等を主に行っています。

　転職後の就労期間はまだ短いのですが、会社では、経理業務や財務業務等の他にも、これまでに整備がされていなかった会社のホームページ案の検討や制作支援、名刺案の検討や制作支援、新規の法人口座の開設、新規取引先の開拓や営業、新規ビジネスの模索、金融機関のビジネスローンの手続き方法の確認、在日ベトナム人の市場調査、母国での日本企業等の商品の需要調査等を行ってきました。

　また、経営管理の仕事の他には、駐日ベトナム大使館や一般社団法人等が開催する日越の友好を図る目的で行われている文化交流イベントやスポーツイベント、ビジネス交流イベント、日本語スピーチコンテストの司会等、日越の友好を図る目的で行うイベントに積極的に参加しています。

⑵　何故、その仕事に携わろうと思いましたか

　母国の故郷で子供の頃から交流のある親友は、来日して日本留学を経て、2019年に美容事業や国際貿易事業等を事業とする会社を起業しました。

　親友と私は、子供の頃から来日するまでハノイ市近郊で暮らし、実家も100mくらい離れた近所ということもあって放課後に一緒に時間を過ごす機会が多くありました。そして、親友は、母国の日本語学校で日本語を学んだ後に私より先に日本に留学しました。その後、私は、日本に留学して2016年4月に日本語学校に入学しました。来日後も私と親友は、お互い異なる学校に通っておりましたが、時折交流していました。

　2018年4月に大学進学後は、経営分野や専門ゼミ等の専門科目の学習の他に、大学の留学生オープンキャンパスの通訳支援や専門ゼミでの交流イベントの参加、放課後にはコンビニエンスストアでアルバイト等を行い、留学生活はとても充実していました。そのような留学生活の中で親友は、

2019年3月に都内で美容事業や国際貿易事業等を事業とする会社を起業しました。親友の起業の話を聞いた私は、親友の会社に就職して一緒に働くことができたら良いなと考えるようになり、大学卒業後は親友の会社に就職することを予定していました。

　しかしながら、親友の会社は、2020年1月から始まった新型コロナウイルス感染症に伴う影響で赤字経営となってしまい、就職することが難しくなってしまいました。そのような中、私は、同胞の紹介によって協同組合で技能実習生や特定技能外国人の通訳支援、生活支援等の仕事の話を聞く機会があり、その仕事に関心を持ち大学卒業後の2022年5月に協同組合に就職しました。技能実習生や特定技能外国人の通訳支援、生活支援等の仕事は、とても遣り甲斐のある仕事でした。そのような中、私は、2023年の正月頃に親友と会う頃には新型コロナウイルス感染症が落ち着き、会社の黒字経営の見通しが立って採用募集の話を聞きました。そして、私は、2023年4月に親友の会社に転職しました。

(3)　携わっている仕事の面白さは何ですか

　親友の会社に転職後は、管理職として経営管理を任されるようになってから初めて携わる仕事も多くあります。仕事では、分からないことも多くあり、調べながら行う過程で分かるようになる喜びや社内を少しずつ整備する喜びがあります。例えば、会社の過去の損益計算書や貸借対照表から分かることや、日本の金融機関のビジネスローンの手続き方法、社内の整備ではホームページや名刺等が挙げられます。仕事では、分からないことが出てきても調べながら進めることは良い経験にもなります。

　最近では、日本に同胞が増えてきたことで在日ベトナム人向けの様々な市場が拡大していることや、母国で日本企業等の商品の需要も高くなってきています。そのような日本と母国での同胞のニーズを調べて確認し、今後は、日本だけではなく、母国でも新規ビジネスにチャレンジしていきたいです。

❹ 会計事務所で働きながら税理士を目指す
―ダン バン リンさん（ベトナム出身）―

　ダン バン リンさんは、大学3年生の頃に筆者の専門ゼミに所属し大学卒業後も個人的に親交のある教え子です。ダン バン リンさんは、2021年10月に日商簿記検定2級に合格後に就職活動を行い、大学卒業後の2022年4月に会計事務所に就職しました。その後、2022年9月に別の会計事務所に転職し、税理士補助の仕事に携わりながら税理士を目指しています。ダン バン リンさんには、会計事務所で税理士補助の仕事を行いながら税理士を目指す背景があります。

図表3-6　ダン バン リンさんと筆者

※左から、ダン バン リンさん、筆者

⑴　**現在、どのような仕事をしていますか**

　私は、大学卒業後の2022年4月に会計事務所に就職しました。その後、2022年9月に別の会計事務所に転職して税理士補助としてお客様からレシートや領収書、伝票、請求書、発注書等の会計手続きで必要な資料を預かって税金の計算や決算書の作成支援を行っています。

税理士補助としてのこれまでの実務経験は、２年目を迎えることができました。現在、勤務する会計事務所では、税理士の先生や同僚の方々に分からない専門的な会計知識や法律等を丁寧に教えてもらいながら、日々の税理士補助の仕事に励んでいます。そのお陰もあって、私は、税理士補助としての仕事が分かるようになり、日本で税理士を目指すという気持ちが強くなりました。

　職場では、税理士取得の支援もしてもらっており、仕事が終わった後は東京の渋谷にある税理士を目指す予備校に通学し、試験科目の受講や自習室での学習、帰宅後にも税理士取得のために勉強しています。そして、私は、2023年８月に初めて税理士試験を受験しました。

⑵　何故、その仕事に携わろうと思いましたか

　私は、2011年９月に母国のハノイ大学ロシア語学部に入学してロシア語を学びました。そのお陰もあって、私は、ロシア語の読み書きや簡単な会話ができるようになりました。また、ハノイ大学では、ロシア語学部に所属してロシア語を学びながら、大学３年生の時に日本語科目も受講しました。2015年５月にハノイ大学ロシア語学部を卒業後は、ハノイ市内の日本語学校に通って日本語能力試験N4を取得した後に母国で日本語を使う仕事を探しました。しかし、日本語を使う仕事では、日本語能力試験N3以上の条件が設けられており、日本語能力試験N4で仕事を探すことは難しいことが分かりました。

　そして、私は、日本語を学ぶために2016年10月に来日して日本語学校に入学し、日本語の勉強をしながら放課後は留学生活費を賄うために居酒屋やコンビニエンスストア等でアルバイトをしました。日本語学校の２年生の頃には、2017年７月に日本語能力試験N3に合格し、12月に日本語能力試験N2に合格することができました。

　2018年４月に大学入学後、経営分野や会計分野、在留外国人のキャリアを学べる専門ゼミ等で勉強しました。大学３年次の専門ゼミに所属していた頃には、勉学だけではなくウズベキスタン出身の学生とロシア語で談話を楽しむ等で様々な国籍の仲間にも恵まれました。また、私は、大学３

年生の時に大学4年生から始まる就職活動に備えて、日商簿記検定3級を取得しようと考えていました。

　大学4年生になると、私は、2021年4月から他の専門ゼミに所属して勉学に励みながら、日商簿記検定3級の勉強も始めて6月に合格後、日本語等の語学力や会計の基礎知識を活かそうと思い、会計事務所の税理士補助や会社の経理事務等の正社員の求人を探しました。税理士補助や経理事務等の正社員の求人を探している時に、私は、日商簿記検定2級取得者を優先するという採用条件の文言を確認し、2021年7月から日商簿記検定2級の勉強を始めることにしました。そして、2021年10月に日商簿記検定2級合格後、私は、改めて税理士補助や経理事務等の正社員の求人を探して、2022年2月に会計事務所から内定を得ることができました。

(3)　携わっている仕事の面白さは何ですか

　職場で様々なサポートがあって、私は、税理士補助として仕事に携わりながら会計事務所の仕事が分かるようになりました。また、私は、子供の頃から数字を見ることや数学が好きで、税理士補助の仕事を通じて様々な専門知識を身に付けると共に、数字を取り扱う仕事が私に合っていると感じます。

　税理士を目指すキャリアも楽しくて、私が税理士試験に合格後は、在日ベトナム人のオーナー等もサポートしてみたいです。最近では、日本にベトナム食材店やベトナム料理店、日越の国際貿易会社、携帯電話の修理会社、ITのオフショア開発会社等を営む在日ベトナム人のオーナーが増えてきています。

　2023年8月の税理士試験まで日中は、会計事務所で税理士補助の仕事を行い、仕事が終わった後は予備校や自宅で税理士試験の勉強をしていました。2023年8月の税理士試験では、簿記論と財務諸表論の必須科目と消費税法の選択科目を受験しました。来年以降は、受験結果を見ながら法人税法の選択必須科目と相続税法の選択科目の受験を計画しています。

❺ 同胞の女性社長との縁に感謝する
   －ユン ワン ヘリングさん（ミャンマー出身）－

　ユン ワン ヘリングさんは、大学4年生の頃に筆者の専門ゼミに所属し大学卒業後も個人的に親交のある教え子です。ユン ワン ヘリングさんは、2022年3月に大学卒業後はこれまでに学んできたスキルを活かせる日緬に関係した仕事を探すために就職活動を続けました。その後、2023年7月からは、ミャンマー人技能実習生・特定技能外国人の送り出し機関の東京オフィスに就職し通訳支援の仕事に携わっています。ユン ワン ヘリングさんには、ミャンマー人技能実習生・特定技能外国人の送り出し機関の東京オフィスで働く背景があります。

図表3-7　ユン ワン ヘリングさんと筆者

※左から、ユン ワン ヘリングさん、筆者

⑴　**現在、どのような仕事をしていますか**

　私は、大学4年生の頃に地方にある食品製造会社に内定を得た後に、大学卒業後の2022年4月に就職し働き続ける予定でした。しかしながら、私は、これまでに学んできたスキルが役立つと思う日緬に関係した仕事を探したいと考え、大学卒業後は就職活動を続けることにしました。

大学を卒業した後に就職活動を行う場合は、「特定活動」という在留資格で活動しなければなりません。そして、私は、食品製造会社に就職するために「留学」から「技術・人文知識・国際業務」に在留資格変更した後、就職を経て「技術・人文知識・国際業務」から「特定活動」に在留資格変更を行って就職活動を継続することにしました。「特定活動」に在留資格変更後は、資格外活動許可を得てコンビニエンスストアでアルバイトを行いながら就職活動を行いました。就職活動では、在留外国人向けの正社員の求人は多くありましたが、日緬に関係した求人は少なかったです。そのため、私は、在留資格「特定活動」の在留期間更新を行って就職活動を続けた後、ミャンマー情勢を踏まえた「特定活動」を取得しました。

　その後、私は、偶然にも2023年6月に知り合いの同胞が営むミャンマー人技能実習生・特定技能外国人の送り出し機関の東京オフィスでの採用募集をSNSで見つけて応募し正社員の採用が決まりました。2023年7月からは、来日したミャンマー人技能実習生・特定技能外国人の通訳支援や日常生活の相談、東京オフィスの事務等の仕事を行っています。また、就職した会社は、母国で複数の日本語学校を運営しており、東京オフィスと時間調整してオンライン会議を行うこともよくあります。東京オフィスでは、日本と母国の時差が2時間30分あるため、出社時間は10時30分からとなっています。

(2)　何故、その仕事に携わろうと思いましたか

　私は、2006年3月に母国のヤンゴン大学（物理学）を卒業しました。大学卒業後は、母国の公立学校で英語講師として5年程教育の仕事に携わった後、転職してマレーシアに移り、メーカーで携帯電話や無線機の内部の動作検査等の仕事に5年程度携わりました。

　その後、私は、2016年10月に来日し日本語学校で日本語教育を受けながら放課後は留学生活費を賄うためにアルバイトをしました。当時、アルバイトの仕事は、派遣会社で働く同胞の女性社員から紹介してもらい、コンビニエンスストアに配送される飲食料品の仕分けの仕事に携わりました。その時に出会った同胞の女性社員は、私が就職した会社でお世話になって

いる社長です。

現在働く会社の社長とは、日本語学校の学生の時からSNSでも繋がりがありました。2022年に社長は、日本でミャンマー人技能実習生・特定技能外国人の送り出し機関の東京オフィスを立ち上げました。私は、2023年6月に社長と繋がるSNSでミャンマー人技能実習生・特定技能外国人の送り出し機関の東京オフィスの採用募集の投稿を見つけて応募しました。

社長は、来日して20年を超えている方で日緬の友好の懸け橋を実践しており、ミャンマー人技能実習生・特定技能外国人の送り出し機関の東京オフィスの立ち上げだけではなく、立ち上げ以前から母国でも複数の日本語学校の運営等も行ってきました。私は、ミャンマー人技能実習生・特定技能外国人の将来のキャリアを考えることや母国で来日経験がある方の雇用創造にも貢献している社長を尊敬しています。また、社長の日緬の友好の考えや人柄の魅力に加えて、会社には、私が学んできたスキルが活かせる日緬に関係した仕事を行う環境もあります。

⑶　携わっている仕事の面白さは何ですか

ミャンマー人技能実習生・特定技能外国人の送り出し機関の東京オフィスでの通訳支援等の仕事は、私の留学生活での経験、母語や英語、日本語等の語学力、大学の専門ゼミで学んだ在留外国人のキャリアの考え方や在留資格制度等の専門知識を活かすことができます。来日したミャンマー人技能実習生・特定技能外国人は、来日後も将来のキャリアを考えていく必要があります。ミャンマー人技能実習生・特定技能外国人から将来のキャリアの相談がある時には、同胞であるからこそ相談内容を理解できてアドバイスできることもあります。

また、仕事では、ミャンマー人技能実習生・特定技能外国人の来日や移動、職場や暮らす場所等に電車や飛行機に乗って行きます。私は、このような出張機会に出会う同胞や仕事関係の方々との交流機会も楽しみにしています。

❻ 飲食店で店舗マネジメントの支援を行う
－グエン ズイ マンさん（ベトナム出身）－

　グエン ズイ マンさんは、大学4年生の頃に筆者の専門ゼミに所属し大学卒業後も個人的に親交のある教え子です。グエン ズイ マンさんは、2022年3月に大学を卒業後の8月に来日して学業の傍ら、アルバイトとして約6年働き続けたカレーライス専門チェーン（FC加盟店）に就職し、店舗マネジメントの支援を行っています。グエン ズイ マンさんには、アルバイトとして約6年働き続けたカレーライス専門チェーンに就職し、店舗マネジメントの支援を行う背景があります。

図表3-8　グエン ズイ マンさんと筆者

※左から、グエン ズイ マンさん、筆者

⑴　現在、どのような仕事をしていますか

　私は、大学卒業後に都内にあるカレーライス専門チェーン（FC加盟店）に2022年8月に正社員として就職しました。私は、仕事でオーナーの店舗マネジメントの支援に携わっています。具体的には、お客様に自慢のカレーライスを提供することや飲食料品の発注、売上高の確認、アルバイト

の管理、お客様の日頃のご要望の確認、本部からの新商品やキャンペーンの確認等の店舗マネジメントの支援を行っています。

　私が就職した店舗は、日本人のお客様だけではなく在留外国人や訪日外国人観光客等のお客様にも多くご利用いただいております。日本人のお客様は、近隣のオフィスに勤務する幅広い世代のお客様が多く来店します。また、外国人のお客様は、在留外国人では日本語学校や専門学校、大学等に通う外国人留学生の中国や韓国等のお客様が多く、訪日外国人観光客では欧州や北米のお客様が多く来店します。

　日本では、カレー専門店や家でカレーライスを食べる機会が多くあり、日本人の家庭であれば月に何回か食べることもあると思います。しかし、私の母国では、カレーライスを日常生活で食べることはほとんどなく、ハノイ市やホーチミン市等の都市部で日本のカレーライスを提供する専門店は少ししかありません。最近では、日本のカレーライスを好む日本で暮らす同胞のお客様も増えてきており、私が働く店舗では同胞のお客様に辛口のカレーライスの人気があります。

⑵　何故、その仕事に携わろうと思いましたか

　私は、2016年4月に来日して日本語学校に入学しました。来日当初は、日本語を学びながら留学生活費を賄う必要があり、アルバイトを探していました。そして、私は、2016年5月に同胞の先輩からカレーライス専門チェーンのアルバイトの仕事を紹介してもらいました。来日してから外国人留学生は、初めてアルバイトを探すことはとても大変なことです。そのような時に初めてカレーライス専門チェーンのアルバイトが決まった時のことは、今でもとても嬉しかったのをよく覚えています。

　その後、私は、店舗でメニューや注文の受け方、カレーライスの提供方法、ビジネス日本語等の研修を経て、2016年6月から現在働いている店舗に配属されました。来日したばかりで日本語のメニューを覚えるのに時間がかかってしまい、空いた時間を見つけては、メニューを間違えないように何度も眺めて発音して覚えるように努めていました。

　当時、私が働いていた店舗は、FC加盟店ではなく直営店でした。その後、

私は、2016年10月に直営店からFC加盟店に変わることを教えてもらった後、オーナーが店舗に来訪して丁寧に挨拶してくれました。

　そして、私が働く店舗は、FC加盟店となり、オーナーが店舗マネジメントを行いながら厨房を担当し、私が厨房以外の仕事を任せてもらうようになりました。オーナーが私のことを信頼し続けてくれて、仕事を任せてもらえたのと同時にアルバイトスタッフの仲間にも恵まれて店舗での仕事が楽しくなり、日本語学校の学生時代から始めたカレーライス専門チェーンのアルバイトは大学進学後も続けました。

　2022年3月に大学卒業後、私は、大学4年生の頃にオーナーから正社員登用のお話をいただいたことや店舗経営が学べること、オーナーやアルバイトの仲間に恵まれたこと、店舗に愛着があったこと等からオーナーと相談し、約6年のアルバイトを経て店舗に就職することを決めました。

⑶　携わっている仕事の面白さは何ですか

　店舗では、オーナーやアルバイトの方々と日本語によるコミュニケーションを大切にしながら店舗経営に携わり、人と人の信頼構築ができることが楽しいです。これは、私がアルバイトの時から変わらないことで、正社員として働く今も変わりません。現在、店舗で働く人は、私以外は日本人スタッフです。私は、オーナーだけではなくアルバイトの方々との日本語によるコミュニケーションの機会も大切にしています。

　アルバイトから正社員になってからは、オーナーから店舗マネジメントの実務を通じて店舗マネジメントの方法だけではなく、アルバイトの方々の話を聞く大切さも学びました。私は、オーナーのアルバイトの方々の仕事の悩みがないかの確認や、生活の変化等の話を聞く日頃からの仲間への心配りを学び、私もオーナーと同じようにアルバイトの方々への心配りを実践して信頼構築できるように努めています。

❼ 協同組合で技能実習生・特定技能外国人の 通訳支援を行う

－チャン ゴック トゥアンさん（ベトナム出身）－

　チャン ゴック トゥアンさんは、大学4年生の頃に筆者の専門ゼミに所属し大学卒業後も個人的に親交のある教え子です。チャン ゴック トゥアンさんは、2020年3月に大学を卒業後に不動産会社や学校、人財会社等で働いた後に、2022年6月から協同組合に転職し、山形県や隣県で同胞の技能実習生や特定技能外国人の通訳支援等を行っています。チャン ゴック トゥアンさんには、山形県や隣県で同胞の技能実習生や特定技能外国人の通訳支援等を行う背景があります。

図表3-9　筆者とチャン ゴック トゥアンさん

※左から、筆者、チャン ゴック トゥアンさん

⑴　現在、どのような仕事をしていますか

　私は、大学卒業後の2020年4月に住宅供給公社の分譲住宅や賃貸物件の仲介と斡旋等を行う不動産会社に就職し、都内の営業所で営業職として約1年働いた後、学校の一般事務や人財派遣、人財紹介等を行う人財会社

で働きました。

　その後、私は、2022年6月に技能実習生や特定技能外国人の受入れ管理を行う協同組合に転職しました。都内で研修を受けた後の2022年7月からは、山形県に引越しを行い、山形県や隣県で同胞の技能実習生や特定技能外国人の受入れを行う食品メーカーの支援や、同胞の技能実習生や特定技能外国人の通訳支援等を行っています。この仕事では、同胞の技能実習生や特定技能外国人の受入れを行う食品メーカー、そこで働く同胞、同胞の暮らす地域住民の方々との信頼がとても大切です。そのため、日頃から巡回等で同胞の技能実習生や特定技能外国人の受入れを行う食品メーカーで働く方々からの同胞の就労状況のヒアリング、同胞の日常生活やキャリアの相談、地域住民の方々との交流を大切にしています。

　人と人の信頼を大切にするために、私は、日頃の仕事の他にもスポーツイベントや異文化交流会をこれまでに企画してきました。スポーツイベントでは、同胞の技能実習生や特定技能外国人が集い、サッカー大会を開催して同胞同士の横の繋がりを深めることができました。サッカー大会のトロフィーやメダルは、費用を抑えるために母国の業者に依頼して作ってもらいました。また、異文化交流会では、同胞の技能実習生や特定技能外国人の受入れを行う食品メーカーやそこで働く同胞、地域住民の方々との交流を深めるために、バーベキューを企画して、春巻きや豚の丸焼き等のベトナム料理も同胞と協力して提供し、母国のことを少しでも知ってもらえるように努め、様々な立場の人と人の交流を促進することができました。

(2)　何故、その仕事に携わろうと思いましたか

　私は、来日してから始めの6年は、日本語学校や大学に通いながら日本語学習や経営分野の専門学習の他に、放課後は留学生活費を賄うためにファーストフード店でアルバイトをしていました。また、大学卒業後は、不動産会社の就職だけではなく、学校の一般事務や人財派遣、人財紹介等を行う人財会社への転職の経験もしました。その他にも、日常生活では、在留外国人に必要な公的機関の手続きや日常生活に関連した契約手続き、引越し、通院、和食や観光等を通じて日本文化に触れることも経験してきま

した。そして、私は、これまでの日本社会の暮らしで経験して学んできたことを活かそうと考え、同胞の技能実習生や特定技能外国人の受入れを行う食品メーカーやそこで働く同胞の支援が行える協同組合に転職しました。

　同胞の技能実習生や特定技能外国人は、母国の高等学校を卒業した後、しばらくして来日する若者が多くいます。また、来日した頃は、日常生活で分からないことや食品メーカーの仕事現場でも日本語によるコミュニケーションの理解等で、母語による支援が必要になることがあります。私は、仕事を通じて食品メーカーの要望を確認しながら、その仕事現場で働く同胞の技能実習生や特定技能外国人が安心して将来のキャリアを考えられるように努めています。

(3)　携わっている仕事の面白さは何ですか

　同胞の技能実習生や特定技能外国人の通訳支援等の仕事では、同胞の日常生活やキャリアの相談を受けることがあります。その相談を聞いて、私は、自分の来日後の留学生活や社会人生活の経験からアドバイスを行います。最近では、以前から日本語能力試験の相談を受けていた１人の技能実習生に、日本語学習の方法やアドバイスを行い続け、その技能実習生は2023年７月の日本語能力試験N2に合格することができました。仕事では、来日した同胞の通訳支援だけではなくキャリアをサポートできることにも遣り甲斐を感じています。

　私は、この仕事に出会うことができて山形県や隣県の素晴らしさも知ることができました。山形県には、さくらんぼや桃、葡萄、西洋なし等の美味しい果物を作る農場がたくさんあります。また、山形県では、酒米栽培も行われていてその酒米で日本酒を製造する酒造がたくさんあります。仕事で隣県の食品メーカーに巡回する際には、車を運転して向かい、昼食の休憩時間には海沿いにある市場の食堂に立ち寄ることもあり、新鮮な魚介類が添えられた海鮮丼を食べることも楽しみです。仕事では、通訳支援等の遣り甲斐だけではなく日本の地方暮らしの良さも知ることができました。

❽ メーカーで生産管理を行う
－チャリセ ヤマラルさん（ネパール出身）－

　チャリセ ヤマラルさんは、大学4年生の頃に筆者の専門ゼミに所属し大学卒業後も個人的に親交のある教え子です。チャリセ ヤマラルさんは、2022年3月に大学を卒業後は群馬県太田市内の派遣会社に正社員として就職し、メーカーの製造現場で自動車部品の組立や取り付け等に関する生産管理の仕事に携わっています。チャリセ ヤマラルさんには、メーカーの製造現場で自動車部品の組立や取り付け等に関する生産管理の仕事に携わる背景があります。

図表3-10　筆者とチャリセ ヤマラルさん

※左から、筆者、チャリセ ヤマラルさん

⑴　現在、どのような仕事をしていますか

　私は、2022年3月の大学卒業後に東京を離れて就職先の派遣会社のある群馬県太田市に引越しをしました。就職先の派遣会社は、北関東の産業を支える製造業等に適切な人財を派遣する事業を展開しています。群馬県太田市は、自動車製造を中心とした工業都市として全国的に有名で、太田

市周辺には利根川や赤城山等の自然や伝統工芸で有名な桐生市、伊香保温泉で有名な渋川市等もあります。

　群馬県太田市内では、自動車製造に関連したメーカーの製造現場が多くあり、多くの外国人社員が働いています。私が働く職場では、日本人社員の他に同僚でネパール人やインド人、バングラデシュ人、スリランカ人、ブラジル人等の外国人社員が働いています。私は、派遣会社の正社員として雇用を結んで、自動車部品の研究や開発、製造を行う研究開発型のメーカーの製造現場で製品の生産管理の仕事に携わっています。

　生産管理の仕事では、正確さが求められる自動車部品の組立や取り付けの管理だけではなく、新しい自動車部品の組立の方法を理解した後、外国人社員に母語や英語、ヒンディー語、日本語等を使用して新しい自動車部品の組立の方法を説明して教えることや、産業用ロボットの動作確認と自動車部品の組立後の品質も確認します。私が携わる生産管理の仕事は、グローバルな消費者が日常生活に使用する自動車という商品の品質や安全性において貢献することができます。

(2)　何故、その仕事に携わろうと思いましたか

　私は、2015年4月に来日以降、日本語学校や大学等で勉学に励みながら、放課後には飲食店のキッチンや様々なコンビニエンスストアの販売等のアルバイトを経験しました。大学に入学後は、接客を通じてビジネス日本語を学べたらと考えてコンビニエンスストアの販売のアルバイトを行っていました。

　日本のコンビニエンスストアでは、店内に消費者の日常生活では欠かせない高品質で安全性に優れた商品が当たり前のように陳列されています。私は、高品質で安全性に優れた商品が当たり前のように陳列されている光景を見ながら、その商品を作る日本企業等の生産管理について関心を持つようになりました。

　そして、私は、大学4年生の2021年4月から新卒向けの就職情報サイトやハローワーク等を利活用し就職活動を始めました。しかし、当時は、コロナ禍ということもあって就職活動を円滑に進めることが難しい状況が

続いていました。そのような状況が続いた中で、2021年11月に片親で私を育ててくれた父が亡くなったと母国から知らせがありました。それはとても辛い出来事で、私は、周囲の温かさを感じながらも2021年11月の1か月間はコロナ禍での就職活動を行う気持ちになれずにいました。

　そんな時に、私は、2021年12月に日本で暮らす兄の友達から現在の就職先を紹介してもらいました。その友達は、兄が大分県の日本語学校に通っていた時の同胞で、私の就職先で働いていたことがありました。私は、兄の友達の話を聞き、以前から関心のあった生産管理の仕事の経験を積んでみたいと考え、正社員の採用応募を行って2022年1月に就職先を決めることができました。

⑶　携わっている仕事の面白さは何ですか

　私が生産管理で携わった自動車という商品は、日本だけではなく世界中に輸出され、グローバルな消費者が日常生活で使用しています。私は、生産管理で携わった自動車を日本の街中で見かけたり、海外で使用されていることを知る度に、生産管理という日頃の仕事の責任を強く感じます。

　生産管理の仕事を通じて、日常生活では、小売店で販売されている飲食料品、家電量販店で販売されている家電製品、ファーストフード店で提供される食事等の生産過程において、品質や安全性に努めて働く様々な人々の役割の大切さを今まで以上に感じるようになりました。

　仕事の他には、群馬県太田市に引越しを行ってからは休日も充実しています。2022年12月からは、妻が在留資格「家族滞在」で来日することができて一緒に暮らせるようになりました。週末は、私が車を運転して妻と一緒に群馬県内を観光することもあります。群馬県太田市内や近隣の伊勢崎市内には、同胞が経営するダルバートを提供する飲食店や母国の食材店、バングラデシュ人が営むハラルフード店等も多くあり、私も妻も母国の食べたいと思う食事を作る時に困ることはありません。

❾ スリランカの食文化をお弁当で伝えたい
―ヘワヴィタラナ チンタニ バーギャさん
（スリランカ出身）―

　ヘワヴィタラナ チンタニ バーギャさんは、大学4年生の頃に筆者の専門ゼミに所属し大学卒業後も個人的に親交のある教え子です。ヘワヴィタラナ チンタニ バーギャさんは、2022年3月に大学を卒業後は健康の大切さを再認識し、2022年9月にコンビニエンスストア（FC加盟店）を複数店舗展開する会社に就職し、店舗管理者として消費者が好むお弁当の販売に関心を持ちながら店舗マネジメントの仕事に携わっています。ヘワヴィタラナ チンタニ バーギャさんには、店舗管理者として消費者が好むお弁当の販売に関心を持つ背景があります。

図表3-11　筆者とヘワヴィタラナ チンタニ バーギャさん

※左から、筆者、ヘワヴィタラナ チンタニ バーギャさん

⑴　現在、どのような仕事をしていますか
　私は、大学卒業後の2022年9月にコンビニエンスストア（FC加盟店）を複数店舗展開する会社に就職しました。現在は、都内にあるコンビニエ

ンスストアの店舗管理者として店舗マネジメントの仕事に携わっています。

　店舗マネジメントの仕事では、売上分析、商品管理や在庫管理、発注、本部からのキャンペーンの展開、お客様のご要望の確認、アルバイトスタッフの教育、オーナーに店舗管理の報告等を行っています。担当する複数店舗では、日本人だけではなくウズベキスタン等の外国籍のアルバイトスタッフも働いています。仕事の中で私は、お客様の商品ニーズを把握するビジネスコミュニケーションの機会も大切にしています。お客様とのビジネスコミュニケーションでは、店舗管理者として働く私の国籍をお客様が知り、母国の食文化の良さを教えてもらうこともありました。

　入社して2年目となり、私は、コンビニエンスストアの店舗管理者としてキャリアを考えながら、将来の夢であるスリランカの食文化をお弁当で伝えたいことについても考えています。母国のスリランカでは、消費者がスーパーマーケットやコンビニエンスストア等でお弁当を買うという購買行動はなく、食材を買って自宅で料理を作るという食文化が一般的です。来日してから私は、コンビニエンスストアで消費者が好むお弁当が開発されて販売され、そのお弁当を楽しみに買いに来る消費者の購買行動を見て、日本ではスリランカの食文化をお弁当で伝えることができると思いました。

⑵　何故、その仕事に携わろうと思いましたか

　私は、もともとコミュニケーションが好きで、留学生活中は学業に励むと共にビジネス日本語が上手くなりたいと思い、日本人のアルバイトスタッフが働くアルバイト先を選んでファーストフード店やコンビニエンスストア等でアルバイトをしていました。

　2018年4月に大学入学後は、埼玉から都内に引越しを行い、2021年5月から日本人のアルバイトスタッフが働く就職先の会社のコンビニエンスストアの店舗で放課後にアルバイトを始めました。当時、私がアルバイトをしていた頃は、私だけが外国人スタッフでした。アルバイト先のコンビニエンスストアの店舗では職場環境にも恵まれて、私は、日本人スタッフの方々から接客を学び、時には日本語で分からない語彙や漢字の意味をやさしい日本語で教えてもらうこともありました。そして、私は、アルバイ

ト先の良い職場環境で正社員として店舗経営を学びたいと考え、コンビニエンスストア（FC加盟店）を複数店舗展開する会社に就職することを決めました。

　就職先が決まり2022年3月の大学卒業後、私は、体調不良が続いたため、体調が良くなるまでの間は通院していました。そのような時に、私は、健康の大切さについて改めて知り、母国の様々なハーブを使った健康的で美容にも良いワンプレートに乗ったスリランカカレーの食文化の素晴らしさを改めて実感することがありました。そして、私は、体調も良くなった後に就労資格に変更しました。その後、私は、2022年9月からコンビニエンスストア（FC加盟店）を複数店舗展開する会社に就職し、現在は店舗管理者として働いて2年目となりました。

⑶　携わっている仕事の面白さは何ですか

　店舗管理者の仕事の面白さは、日本と母国のコンビニエンスストアの店舗経営の違いを実践で学べることです。特に、日本と母国のコンビニエンスストアの店舗経営の違いでは、母国と違って日本のコンビニエンスストアでは消費者がお弁当を気軽に買うことができます。そして、コンビニエンスストアのお弁当は、男性や女性、様々な年代のニーズに合った商品が開発されて販売され、消費者が手に取って気軽に食べる購買行動があり、季節によって商品の入れ替えもあって面白いです。

　私は、就職前に体調を崩していた時期があって、その時に母国の様々なハーブを使った健康的で美容にも良いワンプレートに乗ったスリランカカレーの食文化の素晴らしさを改めて実感する共に、このようなスリランカカレーの食文化をお弁当で日本の消費者に提供することができれば良いなと思いました。スリランカカレーは、ワンプレートに米と様々なハーブを使った種類の異なるカレーが添えられ、様々な種類のカレーを手で混ぜることによってより一層美味しくなります。スリランカカレーをお弁当で提供する時には、お弁当の容器には工夫が必要かもしれません。

❿ 仕事と家庭のバランスを図る
－ライ ユニスさん（ネパール出身）－

　ライ ユニスさんは、大学4年生の頃に筆者の専門ゼミに所属し大学卒業後も個人的に親交のある教え子です。ライ ユニスさんは、2022年3月の大学卒業後は学生時代のアルバイト先の方々に恵まれて、アルバイト先の会社に正社員登用で就職しました。現在、ライ ユニスさんは、正社員として働きながら2023年10月に来日した夫と日本での暮らしも叶って、仕事と家庭のバランスを図っています。ライ ユニスさんには、夫と日本での暮らしの中で仕事と家庭のバランスを図る背景があります。

図表3-12　ライ ユニスさんと筆者

※左から、ライ ユニスさん、筆者

⑴　現在、どのような仕事をしていますか

　私は、2022年3月の大学卒業後の4月にコンビニエンスストア（FC加盟店）の複数店舗展開等のビジネスを行う会社に就職しました。現在、私は、コンビニエンスストアの店舗管理者として、販売管理や在庫管理、売上分析等の現金管理、顧客要望の確認、ミャンマー国籍やウズベキスタン

国籍、ネパール国籍、ベトナム国籍、バングラデシュ国籍等の在留外国人のアルバイトスタッフの人事管理、やさしい日本語や英語、母語、ヒンディー語等を用いたトレーニングに加えて、日本人のアルバイトスタッフのトレーニング等も行っています。

　私が担当する複数店舗のある地域では、少数民族の飲食店を営むミャンマー国籍の在留外国人が多く暮らしていることや、周辺に同胞が営むスパイス店やダルバートが食べられる飲食店、ムスリム向けのハラルフード店等が多くあります。その他にも、複数店舗のある地域には、外国人留学生が通う日本語学校や専門学校等が散見されます。そのようなことから、私が担当する店舗には、日本人のお客様だけではなく、多くの在留外国人がお客様として来店します。

(2)　何故、その仕事に携わろうと思いましたか

　就職した会社で展開するコンビニエンスストア（FC加盟店）のアルバイトスタッフの求人は、大学2年生の頃に顧客としてよく利用していた自宅近くの店舗のアルバイト求人の貼り紙で偶然見つけました。その店舗は、自宅から近いことや多くの在留外国人のお客様が利用しています。そのため、私は、その店舗で母語や英語、ヒンディー語、日本語等が役立てられたらと考えてアルバイトに応募することにしました。

　そして、私は、アルバイト求人の貼り紙に記載されていた連絡先に電話を掛けた後、店長に面接機会を設けてもらい、その1週間後にアルバイトスタッフとして働くことが決まりました。私は、大学2年生の秋頃からアルバイトスタッフとして、店舗で1週間に2回くらいのペースで働き始めました。仕事は、販売スタッフとして日本人や在留外国人のお客様の接客対応やレジ操作、商品の品出しや陳列、店内外の清掃等に携わりました。私は、アルバイトスタッフとして働き始めてから店長の他に勤務経験の長いアルバイトスタッフとして働くやさしい日本人女性に仕事を教えてもらい、仕事外でも日本語で多くのコミュニケーションを行う機会に恵まれました。

　そして、私は、大学4年生となってコロナ禍での就職活動を行っていた

2021年10月にアルバイト先で正社員登用の機会を得ました。アルバイト先で勤務経験の長いアルバイトスタッフとして働くやさしい日本人女性は、店舗のオーナーに私を正社員登用で推薦してくれました。それを知った私は、アルバイト先の会社に正社員として就職を意識するようになりました。

　その後、店舗では、オーナーが来訪して店長と勤務経験の長いアルバイトスタッフとして働くやさしい日本人女性とで私の正社員登用について話し合いを行ってくれました。後日、オーナーは、私に会社説明と面接の機会を設けてくれました。そして、私は、オーナーに自分の将来の考えや就職の意思を伝え、正社員として働くことが決まりました。

⑶　携わっている仕事の面白さは何ですか

　私は、入社2年目となって仕事と家庭の両立を図ることを楽しんでいます。私は、2023年2月に母国に一時帰国し、その3月に日本留学前から交際し続けてきた夫と婚姻しました。このような私の大切な母国での機会には、店舗のオーナーやアルバイトスタッフが親切にサポートしてくれて、一時帰国して婚姻することが叶いました。2023年10月には、夫が在留資格「家族滞在」で来日することができ、夫と一緒に日本社会での長期的な暮らしについて考えています。

　現在、私は、仕事を行いながら休日には夫の区役所の手続きや携帯電話の契約等の日本生活の準備を行っており、先ずは夫が日本生活に慣れることを優先して考えています。日本生活の準備が整った後は、区役所で行っている日本語教室に夫婦で見学して、夫が日本語を学べる環境を整えていきたいです。夫が日本生活にも慣れてきた後は、夫が日本でチャレンジしてみたいことを応援したいと思います。私は、仕事に遣り甲斐を持って店舗経営を学びながら夫との日本生活も叶えることができました。私は、日本生活を夫と楽しみながら、来年には母国に一時帰国して結婚式を開催できたら良いなと考えています。

第❹章　起業した外国人留学生は今？

❶ 外国人留学生の起業と在留資格変更

　専門学校や大学等に進学した外国人留学生の中には、ビジネスアイデアやアルバイトで身に付けた経験を活かし、卒業後にすぐに起業する者や日本企業等の就職を経て学んだビジネスノウハウを応用して起業する者がいます。先述したように、筆者の専門ゼミの外国人留学生の教え子たちの中には、大学卒業後に起業を志す者もいました。

　このような起業を志す外国人留学生は、専門学校や大学等の卒業後にすぐに会社経営を行う場合は「留学」から「経営・管理」に在留資格を変更する必要があります。ところで、「留学」から「経営・管理」に在留資格を変更した者は、国内にはどれくらいいるのでしょうか。

図表4-1　変更許可後の在留資格別の許可人数の推移

	2019 （構成比）	2020 （構成比）	2021 （構成比）
技術・人文知識・国際業務	28,595 （92.4%）	26,268 （88.5%）	24,861 （85.8%）
経営・管理	500 （1.6%）	477 （1.6%）	554 （1.9%）
その他	1,852 （6.0%）	2,944 （9.9%）	3,559 （12.3%）
合計	30,947 （100.0%）	29,689 （100.0%）	28,974 （100.0%）

（出所）出入国在留管理庁「2021年における留学生の日本企業等への就職状況について」をもとに著者作成

　図表4-1に示されるように、「留学」から「経営・管理」に在留資格を変更した者は、2021年では554人となっています。例年、「留学」から「経営・管理」に在留資格を変更した者は、「技術・人文知識・国際業務」に変更した者と比較すると低い割合となっています。

また、外国人留学生の中には、専門学校や大学等の卒業後に在留資格「技術・人文知識・国際業務」を有して日本企業等に就職して働きながらビジネスノウハウを得た後に起業する者もいます。このような場合は、「技術・人文知識・国際業務」から「経営・管理」に在留資格を変更する必要があります。在留資格「経営・管理」の他にも、在留外国人が日本で会社経営等を行う場合には、「日本人の配偶者等」「定住者」「永住者」「永住者の配偶者等」「高度専門職1号ハ」「高度専門職2号」の在留資格でも可能です。

　筆者の教え子たちの中には、大学卒業後にすぐに起業を希望する者や日本企業等の就職を経て起業を希望する者がいます。そのような教え子たちには、過去に起業した教え子たちの事例から大学の専門ゼミ等で「留学」や「技術・人文知識・国際業務」等の在留資格から「経営・管理」に在留資格の変更を行って起業する方法を教えています。

　筆者は、起業を希望する教え子たちに①ビジネスアイデアやビジネスノウハウの有無⇒②事業計画書の作成⇒③会社の設立⇒④在留資格変更許可申請⇒⑤事業の開始⇒⑥在留資格期間更新許可申請、の6つの流れを伝えるようにしています。

①ビジネスアイデアやビジネスノウハウの有無

　大学卒業後にすぐに起業を希望する者や日本企業等の就職を経て起業を希望する者には、新しく考えたビジネスアイデアや実務で学んだビジネスノウハウの有無を確認します。特に筆者は、実務で学んだビジネスノウハウの有無を重視しています。なぜならば、筆者の教え子たちの中で起業した者には、事業の再現性や安定性・継続性を考えて、学校で学んだ専門知識に加えて留学生活中のアルバイトや、学校を卒業後に日本企業等の実務から得たビジネスノウハウを応用して起業した事例が散見されるからです。

②事業計画書の作成

　ビジネスアイデアやビジネスノウハウを具現化するためには、事業計画書を作成する必要があります。事業計画書は、「経営・管理」の在留資格変更許可申請の際に提出しなければなりません。この事業計画書には、起

業動機や事業概要、経営理念、経歴、市場環境、ターゲット、商品・サービス、仕入先・販売先、集客方法、事業のコアコンピタンス、最低1年分の収支計画、起業の進捗、組織体制、採用計画等を書きます。また、事業計画書を綿密に作成することは、事業開始した後に金融機関のビジネスローンを利活用する時にも役立ちます。

③会社の設立

事業計画書の作成を行った後には、会社の設立の準備を行います。会社の設立では、会社の基本事項の決定や会社実印の作成、定款作成、公証役場での定款認証、資本金の振り込み等を行った後に法務局で登記申請を行います。会社の登記完了後には、税務署等で開業届を提出します。もし、始めようとする事業に許認可等が必要な場合は、官署で手続きを行って許認可等を取得しておく必要があります。

④在留資格変更許可申請

会社の設立の後には、地方出入国在留管理官署で「経営・管理」の在留資格変更許可申請を行います。この申請では、事務所の確保や一定の事業規模を備えること（常勤職員2人以上、又は資本金か出資の総額が500万円以上、又はこれに準じる規模であること）等の要件を満たしておく必要があります。「経営・管理」の在留資格変更許可申請では、専門的なアドバイスや円滑な手続きを行うために、行政書士に相談や依頼を検討することも大切です。

⑤事業の開始

在留資格「経営・管理」に変更後は、事業を開始することができます。事業の開始に伴って会社では、制作業者に依頼して名刺やパンフレット、ホームページ等の作成を行います。これらのパンフレットやホームページ等を作成することは、事業展開だけではなく新規で法人口座を開設する時の手続きにも役立ちます。ホームページ等にコストを割くことが難しい場合は、様々な無料ツール等を利活用し、自分自身でホームページを作成す

ることも可能です。もし、新規で法人口座の開設が難しい場合は、ネット銀行での法人口座の開設を推奨します。筆者の起業した教え子たちの中には、事業の開始時に法人口座の開設が上手くいかず、ネット銀行での法人口座の開設を行った者もいます。また、会社経営では、事業に集中するために税務申告で必要な損益計算書や貸借対照表の作成等は税理士に相談や依頼することも大切です。報酬が発生する事業開始時には、年金事務所で社会保険の他に雇用状況に応じて、ハローワークや労働基準監督署で労働保険の手続きも行わなければなりません。

⑥在留資格期間更新許可申請

　通常、「経営・管理」の在留資格は、初年度の在留期間が1年となります。筆者の起業した教え子たちも、初年度は、「経営・管理」の在留期間は1年でした。そして、在留期間が満了する前には、地方出入国在留管理官署で「経営・管理」の在留資格期間更新許可申請を行います。この時に特に大切なことは、黒字決算の状況が確認できることです。起業した教え子たちの中には、事業や家族の将来を見据えて「経営・管理」から「永住者」へ在留資格の変更を希望する者もいます。このような場合は、日本に継続して10年以上滞在し、その期間のうち5年間は就労資格等で滞在している必要があります。この就労資格は、「経営・管理」も含まれます。「永住者」へ在留資格の変更をする際には、「経営・管理」の在留期間が3年もしくは5年を有していることや業績が良いこと、納税を行っていること、社会保険等に加入していること等も大切です。

　次節からは、筆者が個人的に親交のある日本で起業した教え子たちに留学生教育・研究のご協力をいただき、「現在、どのような事業を展開していますか」「何故、起業しようと思いましたか」「起業の苦難や栄光」、「今後、どのように事業を展開したいですか」の4点のインタビュー結果を踏まえて、ライフストーリーとして読み解いていきます。

❷ 軌道工事業で起業した
－バトデルゲル ツォボーバヤルさん（モンゴル出身）－

　バトデルゲル ツォボーバヤルさんは、大学3年生と4年生の頃に筆者の専門ゼミに所属し大学卒業後も個人的に親交のある教え子です。バトデルゲル ツォボーバヤルさんは、2022年3月に大学を卒業後に今後のキャリアの検討や起業準備を経て、2022年8月に主に軌道工事業を行う会社を設立し、2023年3月から事業を開始しました。その後、代表取締役として会社経営を行っています。バトデルゲル ツォボーバヤルさんには、軌道工事業で起業する背景があります。

図表4-2　筆者とバトデルゲル ツォボーバヤルさん

※左から、筆者、バトデルゲル ツォボーバヤルさん

⑴　現在、どのような事業を展開していますか

　2022年3月に大学卒業後、私は、今後のキャリアの検討や起業準備を経て、2022年8月25日に主に軌道工事業等を事業とする会社を埼玉県草加市内に設立しました。その後、会社経営を行うための在留資格「経営・管理」に2023年3月に変更しました。現在、会社は2期目となります。

　軌道工事業とは、皆さんが毎日利用する電車の線路のメンテナンスや新

しい線路の設置等に関わる事業です。例えば、線路のレールや砂利、枕木の交換や設置、現場で働く在留外国人の通訳支援等が挙げられます。軌道工事の現場は、固定した場所ではなく日によって現場が変わります。

軌道工事で現場に行く前には、オフィスで取引先の仕事内容の確認や社内人員のマネジメント、請求書の管理、社員の給与管理や支払い、取引先への挨拶や営業、メール対応、官署の行政手続きの確認や訪問、新規の法人口座開設の準備、社内ホームページ確認等の会社の幅広い経営・管理の仕事を行います。

軌道工事の現場に行く時は、夜の23時に会社に集合して社用車に乗って現場に向かいます。現場に到着後は、現場監督から軌道工事の作業内容やスケジュール等を確認後、軌道工事の全体を把握して、モンゴル出身の社員に仕事内容を日本語やモンゴル語で説明し、指示を行って人員マネジメントを行います。軌道工事の仕事は、深夜の１時から早朝の４時までの終電後から始発前の時間に行います。

⑵ 何故、起業しようと思いましたか

私は、2016年３月に来日して４月に日本語学校に入学し、日本語学校の２年生の頃にアパートで一緒に住んでいた同胞が軌道工事のアルバイトをしており、その同胞の紹介で軌道工事のアルバイトを始めました。日中は、日本語学校や空き時間を見つけては日本語学習の勉学に励み、放課後は就寝や軌道工事のアルバイトを行いながら大学進学を目指しました。

2018年４月に大学進学後も、私は、経営分野の専門科目を学びながら放課後は軌道工事のアルバイトを続け、軌道工事の仕事が分かるようになりました。2020年４月に大学３年生になると、在留外国人のキャリアを学べる専門ゼミに所属して外国人留学生の就職活動や起業等の方法を学びました。

当時、専門ゼミでは、外国人留学生が学校を卒業後に日本で起業して会社経営を行っている外国人経営者のストーリーを聞いたり、そしてその外国人経営者のオフィスに行って実際に見学したり、外国人経営者の方と談話することもできました。また、その頃には、偶然にも軌道工事の会社を

起業した同胞の話を聞く機会もありました。

　そのような日本で起業した外国人経営者と話す機会や同胞の起業の見聞を通じて、私は、日本語学校の2年生から大学卒業までの5年間に軌道工事のアルバイトで学んだことを活かして、大学卒業後に今後のキャリアを踏まえて日本で起業しようと考えました。

⑶　起業の苦難や栄光

　2022年8月25日に主に軌道工事業等を事業とする会社を設立後は、会社経営を行うための在留資格「経営・管理」に2023年3月に変更した後に事業を開始しました。

　事業開始時は、取引先を探すことや一緒に働いてくれる仲間を探すこと、法人口座開設や社会保険加入等の社内整備、軌道工事業の運営フローの構築、事業のための初期コストの工面等で大変なことが多くありました。この中でも、事業のための初期コストの工面は、最も大変なことでした。事業開始時の初めの1～2か月は、取引先の仕事を行った後の支払いが1か月後のため、軌道工事の現場に向かうための社用車の購入費用やオフィスの賃料、雇用している正社員の給料の支払い等の初期コストは準備していた資金で何とか賄いました。

　そして、事業開始の3か月後くらいには、資金的にも落ち着き社内整備もできました。現在、会社では、私の他に正社員として2名のモンゴル出身の仲間が一緒に働いて協力してもらっています。日本は、中国出身やベトナム出身の在留外国人が多く、中国やベトナムに進出している日本企業等が多くあります。そのため、中国出身やベトナム出身の在留外国人向けの雇用は多くあります。しかしながら、モンゴル出身の在留外国人向けの雇用は少ないです。そのような中、私は、軌道工事業等を事業とする会社を起業して、モンゴル出身の在留外国人に雇用を少し創ることができたことに喜びを感じます。

⑷　今後、どのように事業を展開したいですか

　現在、会社では、主に軌道工事業等を展開しています。その他の事業では、内装仕上工事業、旅行業、国際貿易業等も展開する予定です。先ずは軌道工事業を展開して会社の柱とし、その柱となる軌道工事業から生まれる資金をもとに、その他の事業投資を行っていく予定です。日本で事業拡大することは、モンゴル出身の在留外国人に雇用を創る機会に繋がります。

　モンゴル国家統計局の2022年の母国の統計では、日本の国土面積の約4倍、総人口は約345万人、首都のウランバートルの人口は約169万人でした。母国では、総人口の半数が首都のウランバートルに集中しています。そのため、ウランバートル市内では、経済発展に伴って交通渋滞や大気汚染等の問題が深刻となっており、これらを解決するには電車や地下鉄という新たな交通手段を設けることが大切です。このような解決方法のニーズは年々高まっており、母国で計画があります。

　このような母国での電車や地下鉄という新たな交通手段に合わせて、将来は、日本で学んだ軌道工事業等の技術を活かして母国に会社を設立し、その技術を輸出することで母国にも貢献したいと考えています。ウランバートル市内に電車や地下鉄が走るようになると、軌道工事のニーズも必ず増えてきます。そして、母国で軌道工事業を展開する会社を設立することは、同胞に雇用を創造できるだけではなく、同胞が軌道工事業を通じて技術を学ぶことによって母国での人財育成にも繋がります。

❸ 国際貿易事業で起業した－格日勒図さん（中国出身）－

格日勒図さんは、筆者が専門学校の教員時代のクラス担任の時に出会い学校卒業後も個人的に親交のある教え子です。格日勒図さんは、来日前から日本で起業する目標を掲げて、2016年3月に専門学校を卒業後に日中の国際貿易会社の就職等で貿易実務の経験を積みながら起業資金を貯めて、2020年9月に上野界隈で国際貿易会社を設立しました。現在、会社は4期目を迎えて自社ブランドにもチャレンジしています。格日勒図さんには、国際貿易事業等で起業する背景があります。

図表4-3　筆者と格日勒図さん

※左から、筆者、格日勒図さん

⑴　現在、どのような事業を展開していますか

私は、2016年3月に専門学校を卒業後に日中の国際貿易会社の就職等を経て、2020年9月23日に越境EC事業、日用品化粧品事業、飲食料事業、国際貿易事業等を事業とする会社を上野界隈に設立しました。その後、会社経営を行うための在留資格「経営・管理」に変更して2020年10月から事業を開始しました。現在、会社は4期目となります。

まず、会社を設立した1期目には、主に中国の消費者のニーズを調べて

日本企業等との商談や、商品の買い付けを行って商品の卸売販売を行っていました。次に、2期目には、中国の高品質な製品を日本の消費者に知ってもらい販売しようと考え、中国の大学の学生時代の友達が広東省深圳市内で起業したパソコン部品、オーディオ機器、スマートフォン部品、健康家電等を取り扱うメーカーと連携して、高品質な充電器等の販売にもチャレンジしました。さらに、3期目からは、他社ブランドの卸売販売だけではなく、以前から考えていた自社ブランドを立ち上げてみようと思い、中国の上海市や深圳市に出張してビジネスパートナーを探しに出掛け、OEMメーカーの工場を実際に訪問し見学して高品質な自社ブランドのメイクブラシを作ることを決めました。そして、4期目からは、母国のビジネスパートナーと協業して高品質な自社ブランドのメイクブラシを販売するECサイトを立ち上げて、日本の消費者に販売を開始することができました。

⑵ 何故、起業しようと思いましたか

　私は、2011年1月に来日して日本語学校に入学し、日本語学校卒業後は起業を検討して2014年4月に専門学校に入学しました。来日前から私は、日本で起業したいと考えて専門学校では起業に必要な経営や会計、IT、ビジネスプランの作成方法を学びました。私が専門学校の3年生の時の2015年1月には、「留学生向け空き物件ビジネスのコンサルティング」というビジネスプランを5名のチームで考えて、外部団体のビジネスプランコンテストの1次選考を経て、最終選考のビジネスプラン発表大会に出場しました。賞受賞は逃してしまいましたが、私にとっては、来日してチームでビジネスプラン発表大会に参加できたのは留学生活で素晴らしい体験となりました。

　日本の小売店で売られている商品は、高品質な中国製の商品が多くあり、その商品を購入する日本の消費者は多くいます。また、中国では、高品質な日本製の商品をほしいと思う消費者が多くいます。そのような状況は来日してから日頃の留学生活の中で感じることが多くありました。そのため、将来は、日本で日中の国際貿易会社を起業しようと考えました。

2016年3月に専門学校卒業後は、日中の国際貿易会社の就職等で営業を通じて国際貿易の実務を学びながら起業に必要な資金を貯めました。そして、貯めた起業資金を元手に2020年9月23日に上野界隈で会社設立後、2020年10月から事業を開始しました。

(3)　起業の苦難や栄光

　会社が4期目を迎える前には、多くの苦難や栄光がありました。外国人経営者には、日本人経営者と異なる特有な会社経営の苦難や栄光があります。

　会社経営の苦難では、事業開始の1期目から2期目までに法人口座の開設の難しさや許認可の確認、賃貸契約と事務所の引越し、ビジネスプランの具現化、会社の広報関係の整備、様々な日本語での行政手続き等の会社整備についてスピード感の課題がありました。事業開始時は、これらの会社整備について分からないことも多くありましたが、様々なことを自分で調べて理解することや行政機関に実際出向いて確認すること、外部の大学の先生方や行政書士の先生、税理士の先生等に分からないことを相談し教えてもらいながら、分からないことを理解して会社整備を行いました。

　会社経営の栄光は、来日前から考えていた日本で起業するという目標が先ずは達成できたことです。事業開始時には、日本企業等や中国企業の商品の買い付けを行って卸売販売を行っていました。事業展開するに伴って3期目には、高品質な他社製品の卸売販売だけではなく、これまでの事業経験を活かして自社ブランドを立ち上げて商品を販売しようと考えました。4期目は、既存の卸売販売で事業利益を確保しながら、自社ブランドのメイクブラシをECサイトで販売することができるようになり、日本の消費者に高品質な商品を届けられるように努めています。

(4)　今後、どのように事業を展開したいですか

　2020年9月に会社を設立して4期目を迎えた現在は、自社ブランドのメイクブラシをECサイトで販売することができました。現在の会社経営を支えるのは既存の卸売販売ですが、今後は既存の卸売販売の事業利益を新しい事業に投資し、自社ブランドの商品を拡大していく予定です。

4期目には、自社ブランドのメイクブラシをECサイトで販売し、毎日の購入実績を確認しながら日本の消費者に自社ブランドのメイクブラシの需要があることが分かりました。現在、自社ブランドのメイクブラシの商品は、セットで6商品を販売しています。自社ブランドのメイクブラシの商品を購入した消費者には、リピーターになってもらえるように商品以外においても梱包には細心の注意を払い、商品配送をできる限り最速で行うように心掛けています。

　ECサイトでのビジネスは、限られた商品棚に人気商品だけを置く小売店のビジネスと異なり、多様なニッチ商品を置くことによって事業利益を確保するロングテール戦略が可能です。このようなロングテール戦略を念頭に置きながら、会社では、自社ブランドの高品質な商品を展開していきたいです。自社ブランドの新しい商品を開発する際には、私自身が中国に出張してOEMメーカーの担当者との商談や工場見学等、自分の目で商品作りに関わる人々や製造現場を必ず確認し、日本の消費者に高品質な商品を届けられるようにします。

第5章　婚姻した外国人留学生は今？

1 在留外国人の婚姻の現況

　留学生教育・研究に携わってきた筆者の教え子たちの中には、日本社会で暮らす中で婚姻した者も多くいます。例えば、日本人と婚姻した者や同胞と婚姻した者、異国籍の外国人と婚姻した者等が挙げられます。その他にも、教え子たちには、日本社会で暮らす中で母国に一時帰国して同胞と婚姻し、パートナーの来日を待つ者もいます。日本社会で暮らす教え子たちの婚姻のケースは、前述した例の他にも多様な婚姻ケースが散見されます。下記では、①日本人と外国人の婚姻件数、②外国人同士の婚姻件数、の2点から在留外国人の婚姻の現況について見てみましょう。

　まず、①日本人と外国人の婚姻件数について確認してみましょう。厚生労働省が公表した「人口動態調査」の統計によれば、2021年の日本での婚姻件数の総数は、501,138件でした。この婚姻件数の総数の内訳については、夫妻とも日本人の婚姻件数が484,642件、夫妻の一方が外国人の件数が16,496件となります。前述した婚姻件数には、同胞同士の婚姻件数や、異国籍の外国人同士の婚姻件数等の外国人同士の婚姻件数が含まれていません。ところで、日本人と外国人の婚姻件数の総数には、どのような傾向があるのでしょうか。

図表5-1　婚姻件数（抜粋）

	総数	夫妻とも日本人	夫妻の一方が外国人
2021	501,138　（100.0%）	484,642　（96.7%）	16,496　（3.3%）
2020	525,507　（100.0%）	510,055　（97.1%）	15,452　（2.9%）
2019	599,007　（100.0%）	577,088　（96.3%）	21,919　（3.7%）
2018	586,481　（100.0%）	564,629　（96.3%）	21,852　（3.7%）
2017	606,952　（100.0%）	585,488　（96.5%）	21,464　（3.5%）

（出所）厚生労働省「人口動態調査」をもとに著者作成

100

図表5-1の2017年から2021年までの過去5か年の統計データを見てみると、日本での婚姻件数は減少傾向にあることや、日本の婚姻件数の総数に占める夫妻の一方が外国人の婚姻件数の割合は、例年3％くらいであることが分かります。さらに、夫妻の一方が外国人の婚姻件数を夫妻別に見てみると、どのような傾向があるのでしょうか。

図表5-2　婚姻件数（抜粋）

	夫妻の一方が外国人	夫日本人_妻外国人	妻日本人_夫外国人
2021	16,496　(100.0％)	9,814　(59.5％)	6,682　(40.5％)
2020	15,452　(100.0％)	9,229　(59.7％)	6,223　(40.3％)
2019	21,919　(100.0％)	14,911　(68.0％)	7,008　(32.0％)
2018	21,852　(100.0％)	15,060　(68.9％)	6,792　(31.1％)
2017	21,464　(100.0％)	14,799　(68.9％)	6,665　(31.1％)
2016	21,189　(100.0％)	14,858　(70.1％)	6,331　(29.9％)
2015	20,984　(100.0％)	14,815　(70.6％)	6,169　(29.4％)
2014	21,131　(100.0％)	14,999　(71.0％)	6,132　(29.0％)
2013	21,489　(100.0％)	15,443　(71.9％)	6,046　(28.1％)
2012	23,657　(100.0％)	17,198　(72.7％)	6,459　(27.3％)

（出所）厚生労働省「人口動態調査」をもとに著者作成

　図表5-2は、前述した日本の婚姻件数の総数の中でも夫妻の一方が外国人の総数を抽出して、夫日本人_妻外国人と妻日本人_夫外国人に分けたものです。2012年から2021年までの過去10か年の統計データの割合に着眼してみると、妻日本人_夫外国人の割合が夫日本人_妻外国人の割合に近づいてきていることが分かります。

　日本で日本人と外国人が婚姻する場合は、市区町村役場で婚姻に必要な婚姻届や戸籍謄本、パスポート、外国人パートナーの在日公館で発行した婚姻要件具備証明書もしくはそれに代わる書類等が手続きで必要になります。その後、日本で婚姻した日本人と外国人は、市区町村役場で婚姻届受理証明書を受け取った後に、外国人パートナーの在日公館でも婚姻の手続きを行います。日本で日本人と外国人の婚姻手続きを終えた後は、住居地を管轄する地方出入国在留管理官署で外国人パートナーが有する在留資格

を踏まえ、「日本人の配偶者等」に在留資格変更許可申請の手続きを行います。

　次に、②外国人同士の婚姻件数について確認してみましょう。日本での婚姻ケースは、日本人と外国人の婚姻だけではありません。厚生労働省が公表した「人口動態調査」の統計によれば、2019年の日本での外国人同士の婚姻件数の総数は4,658件でした。日本での外国人同士の婚姻件数の総数は、日本に在留している同胞同士の婚姻件数と日本に在留している異国籍の外国人同士の婚姻件数を合わせた数値です。ところで、外国人同士の婚姻件数の総数には、どのような傾向があるのでしょうか。

図表5-3　外国人同士の婚姻件数（抜粋）

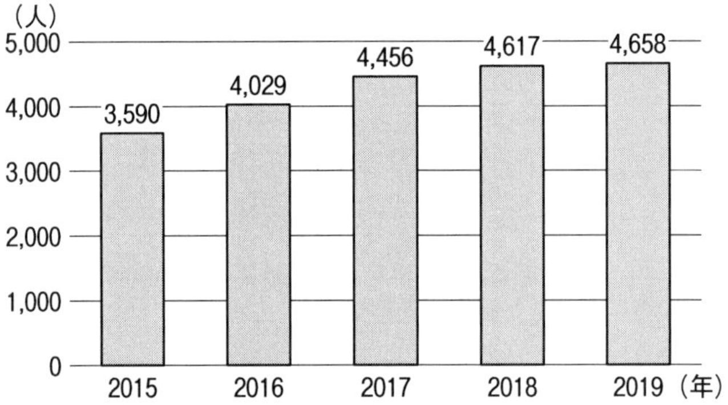

（出所）厚生労働省「人口動態調査」をもとに著者作成

　図表5-3に示されるように、2015年から2019年までの過去5か年の統計データでは、外国人同士の婚姻件数の総数は増加していることが分かります。また、外国人同士の婚姻件数の総数の内訳は、どのようになっているのでしょうか。

図表5-4　外国人同士の婚姻件数（抜粋）

	夫-総数	韓国・朝鮮	中国	フィリピン	タイ	アメリカ	英国	ブラジル	ペルー	その他
妻-総数	4,658	404	847	282	19	674	53	678	125	1,576
韓国・朝鮮	402	312	16	-	-	19	6	-	-	49
中国	934	40	765	4	4	35	5	8	1	72
フィリピン	642	13	2	259	-	136	6	56	15	155
タイ	61	5	2	-	9	20	-	9	-	16
アメリカ	377	3	4	3	-	340	4	3	-	20
英国	28	-	2	-	-	5	16	-	-	5
ブラジル	625	-	2	6	-	22	2	519	19	55
ペルー	135	-	1	-	-	10	-	29	69	26
その他	1,454	31	53	10	6	87	14	54	21	1,178

（出所）厚生労働省「人口動態調査」をもとに著者作成

　図表5-4に示されるように、2019年の外国人同士の婚姻件数は4,658件となり、日本に在留している同胞同士の婚姻件数だけではなく、日本に在留している異国籍の外国人同士の婚姻件数も散見されます。特に日本に在留している同胞同士の婚姻件数では、中国の765件やブラジルの519件が多いことが分かります。また、日本に在留している異国籍の外国人同士の婚姻件数は、同胞同士の婚姻件数よりも全体的に少ない傾向があることも分かります。

　日本で外国人同士の婚姻後は、特に在留資格変更等が必要かを検討することも大切です。例えば、外国人同士の夫妻が共に日本企業等に在留資格「技術・人文知識・国際業務」で就労しており、妻が家庭生活を希望して

在留資格「家族滞在」に変更することもあります。また、夫が日本企業等に在留資格「技術・人文知識・国際業務」で就労している場合は、母国で暮らす妻を呼び寄せるために在留資格認定証明書交付後に、妻が在留資格「家族滞在」を有して一緒に暮らすこともあります。外国人同士の夫妻が共に日本企業等に在留資格「技術・人文知識・国際業務」で就労していて婚姻後も仕事を続ける場合は、在留資格変更許可申請を行う必要はありません。

　次節からは、筆者が個人的に親交のある日本で婚姻した教え子たちに留学生教育・研究のご協力をいただき、「どのようにパートナーと出会いましたか」「どのように婚姻手続きを行いましたか」「今後、どのような暮らしを考えていますか」の３点のインタビュー結果を踏まえて、ライフストーリーとして読み解いていきます。

❷ 同胞と婚姻して幸せに暮らす
　－スリヤ　ムディヤンセラゲ　カヴィシュカ
　　　エシャン　ラトナスリヤさん（スリランカ出身）－

　スリヤ　ムディヤンセラゲ　カヴィシュカ　エシャン　ラトナスリヤさんは、筆者の専門ゼミで学ぶ大学4年生の外国人留学生の教え子です。スリヤ　ムディヤンセラゲ　カヴィシュカ　エシャン　ラトナスリヤさんは、2013年8月に母国の高等学校で奥様と出会い、2018年3月に外国人留学生として来日後も交際を続けて2022年3月に婚姻し、現在は奥様と日本で暮らしています。スリヤ　ムディヤンセラゲ　カヴィシュカ　エシャン　ラトナスリヤさんには、日本で奥様と暮らす背景があります。

図表5-5　スリヤ　ムディヤンセラゲ　カヴィシュカ
エシャン　ラトナスリヤさんのご家族

※左から、奥様、スリヤ　ムディヤンセラゲ　カヴィシュカ　エシャン　ラトナスリヤさん

⑴　どのようにパートナーと出会いましたか
　母国のスリランカの教育制度は、小学校が5年制、中学校が4年制、高等学校が2年制です。そのような教育制度の中で、私は、2013年8月に

高等学校に入学した時に、偶然に学年とクラスが同じであった妻と初めて出会いました。高等学校で学生生活を過ごして1年が経過した時に、私は、2014年8月に妻に告白しましたが、妻は勉学に励みたいという希望があってその時は断られてしまいました。私は、高等学校で地理や世界史、シンハラ語、英語を学び、妻は政治経済や世界史、シンハラ語、英語を学んでいました。妻に断られてしまった私は、何かに打ち込もうと考えてクリケット部で部活動に集中することにしました。しばらく部活動に集中している頃に、私は、2015年1月から妻と付き合うことが叶い、将来を考えて勉学にも打ち込むようになりました。

　2015年8月に高等学校を卒業後、私は、母国の大学受験をして様々な進路を検討した結果、就職すると決めて保険会社での営業や父が経営するレストランで働きながら生計を立てていました。私が就職している頃に妻は、銀行の窓口での仕事に携わっていました。その後、私は、海外留学を通じてキャリアアップしようと考えて日本留学を決めました。私は、2018年3月に来日して4月に愛知県名古屋市内の日本語学校に入学し、日本語学習に励みながら、放課後は留学生活費を賄うために飲食店で皿洗いのアルバイトをしました。私と妻は、遠距離で時差が3時間半くらいありましたが、お互いの時間を合わせてビデオ通話でコミュニケーションを図るようにしていました。

　2019年12月には、日本語能力試験N2に合格することができ、2020年4月に都内の大学に進学することもできました。しかし、2020年4月に大学入学後は、留学生活費を賄うためのコロナ禍でのアルバイト探しはとても苦労しました。留学生活では、経営分野の専門科目だけではなく在留外国人のキャリアを学べる専門ゼミに所属して勉学に励み、放課後はコンビニエンスストアでアルバイトをしながら、妻との将来の日本社会での暮らしを毎日考えていました。

⑵　どのような婚姻手続きを行いましたか
　私は、外国人留学生としてアパートに1人で大学生活を送る中で、妻や私の両親からビデオ通話で長く付き合っているのだから結婚したらどうか

とアドバイスをもらうことがあり、妻と一緒に暮らそうと思って結婚することを決めました。大学2年生の2022年3月に一時帰国して、私と妻は、妻の実家で婚姻届を記入して、コロナ禍ということもあって親族だけの結婚式を行いました。結婚指輪は、私と妻は双方にゴールドで好むデザインを考えて渡し、お互い身に付けることにしました。

2022年4月に大学3年生となった私は、大学卒業後の就職した後に母国から妻を日本に呼ぼうと考えていました。そんな時に、私は、同胞の友達から外国人留学生として暮らす中でも妻を日本に呼べるかもしれないと教えてもらい、外国人在留総合インフォメーションセンターに問い合わせを行い、在留資格認定証明書交付申請の審査について確認しました。その後、行政書士の先生と相談して2022年5月に入管に申請し、2022年9月に妻は在留資格「家族滞在」で来日することができました。

来日後に妻は、定期的に区役所で開催している日本語教室で日本語の学習を行いながら、日常生活を楽しんでいます。私は、妻の日常生活だけではなく日本語でもサポートできるように、大学4年生の時に日本語能力試験N1合格やBJTビジネス日本語能力テスト481点を取得しました。私と妻は、山登りが趣味で休日には関東の高尾山や筑波山を散策したりします。今年の夏季休みに私と妻は、旅行で八丈島の自然を楽しみました。

⑶　今後、どのような暮らしを考えていますか

大学卒業後は、物流会社の就職を予定しており、仕事を通じて日本の物流管理を学びたいです。妻は、将来的に母国の紅茶を提供できるような喫茶店作りに関心を持っており、私は妻がやりたいことも応援できればと思います。紅茶の提供方法では、母国では紅茶をホットのみで飲む文化がありますが、日本での紅茶をホットとアイスで飲む文化も参考にしています。私が就職して働き、妻が起業を考える等の生活を続けていく先には、在留資格「永住者」を私が取得して、家族で長く暮らせるような日本に生活基盤を作りたいです。私たちの周囲には、日本社会で長く暮らして子育てに励んでいる同胞もいます。そのような同胞が子育てに励む姿は、私たちが日本社会で長く暮らす際にも参考になります。

❸ 同胞と婚姻して幸せに暮らす
－ヌルザマンさん（バングラデシュ出身）－

　ヌルザマンさんは、筆者が専門学校の教員時代のクラス担任の時に出会い学校卒業後も個人的に親交のある教え子です。ヌルザマンさんは、2010年10月に来日し留学生活を経て日本企業等に就職し、母国での縁に恵まれて2017年5月に奥様と婚姻し、2020年10月にお子様が誕生しました。現在、ヌルザマンさんは、飲食店で店舗マネジメントを行いながら、日本社会で生涯暮らすという意思を持ち、奥様やお子様と幸せな家族生活を送っています。ヌルザマンさんには、日本社会で生涯暮らすという意思を持ち、奥様やお子様と幸せな家族生活を送る背景があります。

図表5-6　ヌルザマンさんのご家族

※左から、奥様、ヌルザマンさん、お子様

⑴　どのようにパートナーと出会いましたか

　私は、2010年10月に外国人留学生として来日して都内の日本語学校に入学し、進学するために日本語学習を続けました。そして、私は、2012年4月に都内の専門学校に進学し、日中は学業に励み、放課後は留学生活

費を賄うために飲食店等でキッチンスタッフとして働きながら留学生活を送ってきました。

専門学校では、2012年4月からIT分野の学科でIT基礎知識やプログラミング技術を学んで2014年3月に専門士を取得後、起業も学びたいと考えてビジネス分野の学科に3年次編入学し、経営や会計、ビジネスプラン等の起業に必要な専門知識を学んだ後に2016年3月に高度専門士も取得しました。

専門学校卒業後は、スーパーマーケットで店舗管理等の仕事に携わってきました。私が日本で留学を経て就労生活を送る中で、母国にいる両親は、私の将来の素晴らしいパートナーとの出会いや婚姻を待ち望んでいました。そして、私の母は、偶然にも母国で大学生活を送っていた妻をダッカ市内で見かけた後に談話し、出会った素敵な妻に縁を感じて将来のパートナーを私に紹介してくれました。

⑵　どのような婚姻手続きを行いましたか

母は、ダッカ市内で出会った素敵な妻に縁を感じて私にすぐに紹介してくれたのです。その紹介後に、私は2017年4月に妻と面会するために母国に一時帰国し、妻と面会し談話を行って意気投合した後にイスラム教のルールにもとづいて婚姻し、2017年5月にダッカ市内のホテルで結婚式を挙げました。結婚後に妻の両親からは、日本にいる私と母国にいる妻が離れて暮らすのではなく、日本で一緒に早く暮らせるようにという願いを私に伝えました。私は、その願いや早く妻と一緒に暮らしたい想いを抱えて、母国で婚姻した後に1人で日本に戻り、仕事を行いながら妻と一緒に日本で暮らせる日を考えて、区役所に出向いて母国で来日を待ち望んでいる妻の手続きの確認や、地方出入国在留管理官署で在留資格認定証明書交付申請等の準備を行いました。

そして、妻は、2017年12月に在留資格「家族滞在」で来日することができました。私は、妻と日本で一緒に暮らせるようになり、一緒に夕食の買い出しでスーパーマーケットに出掛けたり、バングラデシュ人が営むハラル食材店にスパイスやチニグラ等を買いに行きます。夕食では、妻の作っ

てくれる美味しいトルカリやビリヤニを食べながら家族生活の日常に感謝
や幸せを感じます。

　私は、来日後の妻に無理はさせないで日本の暮らしに慣れてもらいたい
という想いから、妻には区役所で週１回開催されている日本語教室で日本
語を学んでもらい、家族生活を楽しんでいました。そのような家族生活が
半年ほど経った後に、日本語を学んでいた妻は、アルバイトにチャレンジ
してみたいという前向きな考えを持つようになり、私は妻のチャレンジを
応援しようと思って飲食店の昼食時間帯のアルバイトの仕事を紹介し、日
本で初めてアルバイトを経験しました。

　その後には、私が2019年11月に飲食店に転職後の2020年１月からコロ
ナ禍となりました。私が転職した飲食店では、日本政府のコロナ禍の方針
で時短や休業等を繰り返す勤務が続きました。そのようなコロナ禍に私た
ちは、2020年２月に幸運にも子供を授かることができました。その後、
私たちは、コロナ禍で母国に帰国できない時期が続いてしまい大変なこと
も多くありましたが、日本で2020年10月に無事に娘が生まれました。娘
の名前は一番頑張ってくれた妻に考えてもらい、私の娘に相応しい名前を
付けてもらいました。

⑶　今後、どのような暮らしを考えていますか

　コロナ禍の2020年10月に娘が生まれてきてくれて、私たちは日本社会
で長く暮らしていくための準備をしています。娘には、保育園に通う時間
外は私が日本語を妻は英語を教えながら話し掛け、私と妻の家庭内言語は
ベンガル語を使用して娘の耳に触れさせ、日本社会で生きていくために先
ずは日本語、そして英語、ベンガル語の順で習得を心掛けています。娘に
は、日本の小学校や中学校、高等学校に通った後に、娘が希望する日本の
大学進学や諸外国の大学進学も選択できるようになってほしいです。

　私たちは、日本で娘の成長や将来を見守れるように生涯暮らしていきた
いと考え、現在の在留資格から生涯暮らすための準備をしています。将来
は、日本で娘が大人になっても家族が集えるマイホームを購入して暮らし
たいです。

❹ 日本人と婚姻して幸せに暮らす
－エイ タンモン／中野 瞳さん（ミャンマー出身）－

　エイ タンモン／中野 瞳さんは、大学1年生の頃に筆者のクラスに所属し婚姻後も個人的に親交のある教え子です。エイ タンモン／中野 瞳さんは、2014年10月に外国人留学生として来日して留学生活で学業に励む中で、偶然にもアルバイト先で留学経験を積み異文化理解の大切さを知る日本人の旦那様と出会い交際を続けて、2017年2月に婚姻しました。2017年5月に結婚式を行った後は、日本で人生をチャレンジして楽しむ生活を送っています。エイ タンモン／中野 瞳さんには、日本で人生をチャレンジして楽しむ生活を送る背景があります。

図表5-7　エイ タンモン／中野 瞳さんのご家族

※左から、旦那様、エイ タンモン／中野 瞳さん

(1)　どのようにパートナーと出会いましたか

　私の留学生活は、来日して2014年10月に都内の新大久保にある日本語学校に入学してから始まりました。日本語学校に入学後は、日本語学習に励みながら放課後は居酒屋チェーンの都内の店舗でホールのアルバイトを

していました。放課後にその店舗で働き続けていると、私は、2016年2月に副店長として移動してきた日本人の夫に初めて会いました。

　当時、私は、その店舗で長くアルバイトをしていたこともあって店舗運営が分かっていたため、店舗に副店長として移動してきたばかりの夫に店舗の日頃の運営を伝える機会や、談話でコミュニケーションを行う機会にも恵まれました。偶然にもアルバイト先で夫との出会いがキッカケとなって、私と夫は、休日に2人で日本人のカップルが行くようなレジャー施設に出掛け、2016年4月に大学進学後も交際を続けて休日に楽しい時間を過ごしました。

　そんな夫は、幼少期から英語や音楽を学ぶこと、異文化に触れることが好きな人で、高校時代には2年くらいアメリカのロサンゼルス市内の音楽学校に長期留学していたことがあります。夫は、高校時代のアメリカ留学を通じて有名なアーティストのバックコーラス等を体験したことや音楽を学びながら自由で異文化に触れる多くの機会にも恵まれたようです。高等学校卒業後も夫は、日本の音楽大学に進学してオーストリアやハンガリー等に短期留学し、様々なチャレンジや異文化の触れ合いも大切にしてきました。

　交際を続ける中で、夫はミャンマーのことについても関心を持ってくれるようになりました。夫は、自らミャンマー語が分かるようになりたいという想いを抱いて、私は夫にミャンマー語で挨拶や自己紹介、日常生活等の会話を自然と積極的に教えるようになりました。交際を続けているうちに夫は、ミャンマー語での会話も自然とできるようになりました。今となって夫は、日本の歌をミャンマー語で歌うことができるようになり、同胞のプロの歌手が歌うような感じになりました。私にとっては、母国の親戚の結婚式に夫婦で参加した時に、夫が日本の歌をミャンマー語で披露し親戚がとても喜んでくれたことは素晴らしい思い出です。

⑵　どのような婚姻手続きを行いましたか

　私と夫は、交際を続けて一緒になろうと意気投合して2017年2月に婚姻しました。婚姻する時には、夫は日本で暮らす私の家族だけではなく大学のクラスの先生等にも挨拶する機会を大切にしてくれて、そして私に合う素敵な名前を日本語で考えてくれました。

　その後、私と夫は、婚姻手続きを終えた2017年5月に都内で結婚式を行いました。結婚式は、私と夫のために母国から親戚が来日してくれたことや日本で暮らす私の家族、日本語学校の先生方、大学の先生方、日本で暮らす同胞の友達、夫の親族、夫の職場の方々、夫の友達等が集う中で開催することができました。母国から来日してくれた親戚は、私と夫の結婚式のために母国のウェディング衣装を持ってきてくれました。そのお陰で、私の母国のウェディング衣装も着用したいという希望も叶えることができました。また、私にとっては、夫が結婚式の時に素晴らしい日本の歌を披露してくれたことも一生の思い出となりました。

　結婚後も夫は、私との一緒の暮らしだけではなく、私の家族や母国にいる親戚との時間も大切にしてくれています。母国にいる親戚とは、週に1回くらいにオンラインで繋いで、夫もミャンマー語で会話を楽しみます。

⑶　今後、どのような暮らしを考えていますか

　私は、日本でずっと夫と一緒に暮らしたいです。将来的には、私と夫は日本で子育てできれば良いなと希望も持っており、子供に先ずは日本のことをしっかりと学んでもらった後に、ミャンマーのことも学んでもらえたら良いなと思います。子供には、日本語を理解した後にミャンマー語で会話もできるようになってほしいです。また、私と夫は、子育てだけではなく、2人の力を合わせてどのようなチャレンジができるか等と考えることもあります。現在、私は、正社員でコンビニエンスストアの店舗管理者として働き、夫は居酒屋の店長として働いています。私と夫は、共に店舗経営を学んでおり、いつか夫婦で一緒に店舗経営等にもチャレンジして、2人で人生を楽しもうと考えることもあります。

第6章　親となった外国人留学生は今？

❶ 日本の外国人児童の現況

　留学生教育・研究に携わってきた筆者の教え子たちには、日本社会で暮らす中で親となった者も多くいます。例えば、外国人留学生として勉学に励みながら同胞と婚姻後にお子様が生まれた者や日本企業等に就職して同胞の婚姻者と共に働きながらお子様を育てる者、日本で国籍が異なる外国人同士が交際を続け、婚姻後にお子様が生まれて２つの国のルーツを持つ可能性を楽しみにする者等がいます。これらの例は、日本社会で親となった外国人留学生の一例です。ところで、日本の公立の小学校や中学校、高等学校等には、どれくらいの外国人児童生徒が学んでいるのでしょうか。

　図表6-1は、文部科学省の2016年から2021年までの６か年の「学校基本調査」で公立の小学校や中学校、高等学校、特別支援学校、義務教育学校、中等教育学校に在籍している外国籍の児童生徒数を抽出したものです。この６か年の公立学校に在籍している外国人児童生徒の総数は、年々増加していることが分かります。2021年の公立学校に在籍している外国人児童生徒の総数の内訳を見てみると、小学校が74,683人（65.0％）、中学校が28,101人（24.5％）、高等学校が9,926人（8.6％）、特別支援学校が1,278人（1.1％）、義務教育学校が683人（0.6％）、中等教育学校が182人（0.2％）でした。この内訳から分かることは、小学校に最も多くの外国人児童生徒が在籍しており、外国人児童生徒の総数に占める小学校と中学校の割合はおよそ９割を占めているということです。

図表6-1 公立学校に在籍している外国籍の児童生徒数

2016		2017		2018	
小学校	49,093人 (61.3%)	小学校	53,714人 (62.4%)	小学校	59,094人 (63.5%)
中学校	20,686人 (25.8%)	中学校	21,828人 (25.4%)	中学校	23,051人 (24.8%)
高等学校	8,968人 (11.2%)	高等学校	9,318人 (10.8%)	高等学校	9,614人 (10.3%)
特別支援学校	1,039人 (1.3%)	特別支援学校	807人 (0.9%)	特別支援学校	897人 (1.0%)
義務教育学校	185人 (0.2%)	義務教育学校	207人 (0.2%)	義務教育学校	326人 (0.4%)
中等教育学校	148人 (0.2%)	中等教育学校	141人 (0.2%)	中等教育学校	151人 (0.2%)
総数	80,119人 (100.0%)	総数	86,015人 (100.0%)	総数	93,133人 (100.0%)
2019		**2020**		**2021**	
小学校	65,337人 (64.4%)	小学校	70,401人 (64.7%)	小学校	74,683人 (65.0%)
中学校	24,800人 (24.5%)	中学校	26,847人 (24.7%)	中学校	28,101人 (24.5%)
高等学校	9,636人 (9.5%)	高等学校	9,687人 (8.9%)	高等学校	9,926人 (8.6%)
特別支援学校	972人 (1.0%)	特別支援学校	1,093人 (1.0%)	特別支援学校	1,278人 (1.1%)
義務教育学校	502人 (0.5%)	義務教育学校	613人 (0.6%)	義務教育学校	683人 (0.6%)
中等教育学校	155人 (0.2%)	中等教育学校	174人 (0.2%)	中等教育学校	182人 (0.2%)
総数	101,402人 (100.0%)	総数	108,815人 (100.0%)	総数	114,853人 (100.0%)

（出所）文部科学省「学校基本調査」をもとに著者作成

公立の小学校や中学校、高等学校、特別支援学校、義務教育学校、中等教育学校に在籍している外国人児童生徒数が増加し、外国人児童生徒の中には、日本語指導が必要な外国人児童生徒が増えてきています。

図表6-2　日本語指導が必要な外国籍の児童生徒数

2016		2018		2021	
小学校	22,156人 (64.5%)	小学校	26,316人 (64.6%)	小学校	31,189人 (65.5%)
中学校	8,792人 (25.6%)	中学校	10,260人 (25.2%)	中学校	11,280人 (23.7%)
高等学校	2,915人 (8.5%)	高等学校	3,677人 (9.0%)	高等学校	4,292人 (9.0%)
特別支援学校	261人 (0.8%)	特別支援学校	277人 (0.7%)	特別支援学校	453人 (1.0%)
義務教育学校	159人 (0.5%)	義務教育学校	184人 (0.5%)	義務教育学校	339人 (0.7%)
中等教育学校	52人 (0.2%)	中等教育学校	41人 (0.1%)	中等教育学校	66人 (0.1%)
総数	34,335人 (100.0%)	総数	40,755人 (100.0%)	総数	47,619人 (100.0%)

（出所）文部科学省「日本語指導が必要な児童生徒の受入状況等に関する調査結果の概要」をもとに著者作成

　図表6-2に示されるように、2021年の日本語指導が必要な外国籍の児童生徒の総数は、47,619人でした。このことから、先述した2021年の公立学校に在籍している外国籍の児童生徒の総数114,853人に占める日本語指導が必要な外国籍の児童生徒の総数47,619人の割合は、41.5%となります。

　前述で、公立学校に在籍している外国籍の児童生徒数の増加や日本語指導が必要な外国籍の児童生徒数も増加していることを説明しました。この他にも、日本語指導が必要な日本国籍の児童生徒数も増加しています。近年では、日本企業等のグローバル化に伴い、日本国籍のお子様を海外に帯同させて長期滞在した後に帰国するケースや、家族環境でお子様が二重国籍となること、父母の一方が外国籍で家庭内言語が日本語以外となるケー

スもあります。このようなケースでは、お子様に小学校や中学校等で特別な日本語指導が必要となる場合があります。

図表6-3　日本語指導が必要な日本国籍の児童生徒数

2016		2018		2021	
小学校	7,250人 (75.4%)	小学校	7,669人 (73.9%)	小学校	7,550人 (70.6%)
中学校	1,803人 (18.8%)	中学校	2,071人 (20.0%)	中学校	2,376人 (22.2%)
高等学校	457人 (4.8%)	高等学校	495人 (4.8%)	高等学校	516人 (4.8%)
特別支援学校	60人 (0.6%)	特別支援学校	52人 (0.5%)	中等教育学校	86人 (0.8%)
義務教育学校	23人 (0.2%)	義務教育学校	42人 (0.4%)	特別支援学校	83人 (0.8%)
中等教育学校	19人 (0.2%)	中等教育学校	42人 (0.4%)	義務教育学校	77人 (0.7%)
総数	9,612人 (100.0%)	総数	10,371人 (100.0%)	総数	10,688人 (100.0%)

（出所）文部科学省「日本語指導が必要な児童生徒の受入状況等に関する調査結果の概要」をもとに著者作成

　図表6-3に示されるように、前述した日本語指導が必要な外国籍の児童生徒数の増加と同様に日本語指導が必要な日本国籍の児童生徒数も増加しています。

　文部科学省は、日本語指導が必要な外国籍の児童生徒数の増加等を背景とし、2014年4月1日から小学校や中学校等において「特別の教育課程」が編成・実施できるように制度を整備しました。「特別の教育課程」を編成・実施する小学校や中学校等では、通常の教育課程による指導だけではなく児童生徒の日本語能力に応じて日本語指導を授業で行うことができるようになりました。また、文部科学省は、小学校や中学校等だけではなく2023年4月1日から高等学校等においても「特別の教育課程」を編成・実施できるように制度を整備しました。図表6-4は、小学校・中学校等の「特

別の教育課程」の概要を抜粋したものです。

図表6-4　改正等の概要（小・中学校等）

1　学校教育法施行規則の一部を改正する省令（2014年文部科学省令第2号） **(1)　特別の教育課程の編成・実施** 　小学校、中学校、中等教育学校の前期課程又は特別支援学校の小学部若しくは中学部において、日本語に通じない児童又は生徒のうち、当該児童又は生徒の日本語を理解し、使用する能力に応じた特別の指導（以下「日本語の能力に応じた特別の指導」という。）を行う必要があるものを教育する場合には、文部科学大臣が別に定めるところにより、特別の教育課程によることができることとすること。（第56条の2、第79条、第108条第1項及び第132条の3関係） **(2)　他の学校における指導** 　特別の教育課程による場合においては、校長は、児童又は生徒が設置者の定めるところにより他の小学校、中学校、中等教育学校の前期課程又は特別支援学校の小学部若しくは中学部において受けた授業を、当該特別の教育課程に関わる授業とみなすことができることとすること。（第56条の3、第79条、第108条第1項及び第132条の4関係） **2　学校教育法施行規則第56条の2等の規定による特別の教育課程について定める** **　件（2014年文部科学省告示第1号）** 　学校教育法施行規則第56条の2（同令第79条及び第108条第1項において読み替えて準用する場合を含む。）及び第132条の3の規定による特別の教育課程について以下のとおり定めたこと。 **(1)　指導内容** 　日本語の能力に応じた特別の指導は、児童又は生徒が日本語を用いて学校生活を営むとともに、学習に取り組むことができるようにすることを目的とする指導とすること。（第1号関係） **(2)　授業時数** 　日本語の能力に応じた特別の指導に関わる授業時数は、年間10単位時間から280単位時間までを標準とすること。また、当該指導に加え、学校教育法施行規則第140条の規定による特別の教育課程について定める件（1993年文部省告示第7号）に定める障害に応じた特別の指導を行う場合は、2種類の指導の授業時数の合計がおおむね年間280単位時間以内とすること。（第2号及び附則第2項関係）

（出所）文部科学省「学校教育法施行規則の一部を改正する省令等の施行について（通知）」をもとに著
　者作成

今後、在留外国人の増加に伴って外国人児童生徒を受入れる機会は、小学校や中学校、高等学校等で増加します。日本人児童生徒と外国人児童生徒が一緒に学ぶことは、多様な文化や言葉、心情、宗教、価値観等を知る機会にもなり、異文化理解の促進だけではなく人の多様性を受入れることにも繋がります。

　次節からは、筆者が個人的に親交のある日本で親となった教え子たちに留学生教育・研究のご協力をいただき、「現在、どのような子育てを行っていますか」「日本での子育ての環境はどうですか」「今後、どのように子育てをしたいですか」の3点のインタビュー結果を踏まえて、ライフストーリーとして読み解いていきます。

❷ 乳児のお子様の成長を見守る
－アルタンゲレル ダライフーさん（モンゴル出身）－

　アルタンゲレル ダライフーさんは、筆者の専門ゼミで学ぶ大学４年生の外国人留学生の教え子です。アルタンゲレル ダライフーさんは、2019年５月に都内で開催されたハワリンバヤルで奥様と出会いました。その後、交際、同棲生活を続けて2022年３月に婚姻した後の７月に日本でお子様が生まれました。アルタンゲレル ダライフーさんは、大学で勉学に励みながら奥様と一緒に母国の言葉や食文化に触れさせてお子様の成長を見守っています。アルタンゲレル ダライフーさんには、日本でお子様の成長を見守る背景があります。

図表6-5　アルタンゲレル ダライフーさんのご家族

※左から、アルタンゲレル ダライフーさん、お子様、奥様

⑴　現在、どのような子育てを行っていますか

　現在、私は、大学４年生で勉学に励みながら、モンゴル出身の妻と子供の世話をしています。妻とは、2019年５月に東京都練馬区の光が丘公園で開催されたハワリンバヤルというモンゴルのフェスティバルで出会いま

120

した。その後、埼玉県に住んでいた私と神奈川県に住んでいた妻は、留学生活の中で相互の自宅に行き来しながら交際していました。

　交際を続ける中で、相互の自宅に行き来することは、交通費や時間がかかってしまいます。そのため、私と妻は、留学生活中に神奈川県で同棲を始め、進学等の都合で埼玉県に引越しした後も同棲していました。そして、私と妻は、交際や同棲を続ける中で、大変幸せなことに2021年10月に子供を授かることができて2022年3月に婚姻しました。

　その後、2022年7月に子供は、私が妻に立ち合って埼玉県内の病院で無事に生まれました。子供が生まれた時の感動は、忘れることができません。子供の名前は、ダライフー　○○○○です。母国では、子供の名前は父親の名前が前となり、その後に子供の名前が続きます。ダライフーは私の名前です。

　退院後は、妻と一緒に子供の世話をすることにしています。日本で子供を育てる時には、母国と日本の両国の言葉や食文化に触れる環境を作るように心掛けています。母語に触れる機会では、自宅で私と妻の会話は母語で行う他に、テレビも母語の番組を日頃から点けて子供に見聞させています。また、保育園では、日本人の子供や日本語に触れる機会があります。自宅では、言葉だけではなく子供の食事も、子供が日本で成長した時に母国の食文化にも親しみが持てるようにモンゴル料理を食べさせています。

⑵　日本での子育ての環境はどうですか

　日本では、子育てを行う住居環境が良いことや保育園の入園の年齢が早くて良いと思います。

　日本の子育てを行う住居環境は、冷暖房や給湯器、家電製品等が揃っており、子育てを快適に行うことができます。母国では、冷房を使うことはなく、暖房の代わりに石炭炊きを行って部屋を暖かくし、お湯を沸かす時にも石炭を使うことが多いです。また、母国の住居には、まだまだ家電製品は多く備えられていません。そのため、母国では、石炭を使用する住居が多くあり環境問題となっています。

　日本の保育園の入園の年齢は、母国と比べると早いです。母国の保育園

では、入園の年齢は２歳からです。母国では、両親と子供の世話をしたり、入園の年齢が２歳からであったり、子供が成長するまでは両親がサポートを行いながら、子供を育てる家族が多いです。私と妻は、両親が母国にいることもあって一緒に協力して子供の世話をしています。

この他にも、日本では、児童手当や子供の医療費の助成等があり、子育てを行う家族にとってはとても助かります。私と妻は、日本で同胞が子育てをしている家族がいるので寂しいと感じることはありません。最近では、子供が少しだけモンゴル語と日本語を理解してきているようです。日本で子供を育てながら感じたことは、在留外国人の子育てのサポートができるように、両親が来日できるような特別な在留資格や在留期間があれば良いと思いました。その他には、子育てを行う在留外国人の家族に在留支援等があると良いと思います。

(3) 今後、どのように子育てをしたいですか

大学を卒業後には、日本企業等に就職して働きながら妻と一緒に子供を育てていきたいです。妻の姉は、アメリカでグリーンカード（永住権）を有して暮らしています。妻は、姉から話を聞いて英語もできた方が子供の将来の可能性が広がると考えています。そのようなこともあって私は、子供には母語や日本語、英語ができるようになってほしいです。

また、子供には、日本で長期的に日本人と変わらない生活が送れるようにします。そのためには、子供を育てる環境だけではなく在留資格も今から考えなければなりません。現在、私の在留資格は「留学」で妻と子供の在留資格は「家族滞在」です。私が大学卒業後に日本企業等に就職する場合は、在留資格は「留学」から就労資格の「技術・人文知識・国際業務」等に変更します。また、私は、大学入学後に日本語能力試験N1やBJTビジネス日本語能力テスト496点を取得してきたので、「特定活動46号」の就労資格による就職も可能です。将来的に私は、「永住者」の在留資格変更を希望しており、今から妻や子供の在留資格についても考えています。

❸ 小学生と幼児のお子様の成長を見守る
－ゴー ヴー ホアンさん（ベトナム出身）－

　ゴー ヴー ホアンさんは、筆者が専門学校の教員時代のクラス担任の時
に出会い学校卒業後も個人的に親交のある教え子です。ゴー ヴー ホアン
さんは、2006年9月に来日して18年目を迎え、新聞配達のアルバイトと
留学生活、奥様との結婚、就職、2人のお子様の誕生、子育て等の人生に
おいて大切なイベントを経験してきました。現在は、仕事に励みながら奥
様と2人のお子様の成長を見守っています。ゴー ヴー ホアンさんには、
仕事に励みながら奥様と2人のお子様の成長を見守る背景があります。

図表6-6　ゴー ヴー ホアンさんのご家族

※左から、奥様、次女、長女、ゴー ヴー ホアンさん

⑴　**現在、どのような子育てを行っていますか**

　現在、私は、技能実習生や特定技能外国人の管理を行う協同組合で仕事
を行いながら、ベトナム出身の妻と共に小学生と幼児の2人の娘の子育て
を楽しんでいます。

　私は、留学生活費を賄うために夕刊と朝刊の新聞配達のアルバイトをし

ながら、2006年9月から2008年3月まで日本語学校で日本語の学習、2008年4月から2012年3月までIT系の専門学校でネットワーク構築技術の学習、2012年4月から2014年3月までビジネス系の専門学校で経営や会計の専門知識の学習を行いました。妻とは、母国で高校生の頃に出会ってからは私が来日後に遠距離であっても、連理の枝のような交際を続けて2012年1月に婚姻し、2012年6月に妻も外国人留学生として来日し、一緒に暮らして2014年3月に結婚式を挙げました。

　2014年4月からは、広告会社やベトナム語講師を経て、2014年10月からは協同組合の仕事に携わり、2015年8月に長女が生まれ、2021年7月には次女が誕生しました。時間は早いもので、私は、今年で来日して18年目となり、新聞配達のアルバイトと留学生活、妻との結婚、就職、2人の子供の誕生や子育て等、来日してから人生の約半分の時間を日本で過ごしました。

　子供たちが誕生してからは、私と妻は共働きで協力しながら子育てに励んでいます。朝は、私が保育園に次女を送ってから職場に向かい、夕方は妻が保育園に次女の出迎えと児童館に長女の出迎えを行っています。私は、妻にできる限り負担がかからないように休日は家事を積極的に行うように努め、様々な場所に家族で出掛けて休日を楽しむことを心掛けています。また、子供たちには、日本語や日本文化だけではなく、ベトナム語やベトナム文化に触れる機会も日頃から子育てに取り入れています。家庭内言語は、ベトナム語でのコミュニケーションを日常生活の一部として、母国から持ち帰ったベトナム語で書かれた絵本を読み聞かせたり、ベトナムの歌を声に出したりしています。その他には、年に3回くらいは、できる限り母国の土地に出向いて祖父母に会う機会を設け、ベトナム文化も触れさせるようにしています。

⑵　**日本での子育ての環境はどうですか**
　私が住む団地の周辺は、日用品購入のためのスーパーマーケットや公園、やさしい高齢者の住人、散歩に最適な河川敷等もあり、子供たちを育てる住環境はとても良いです。現在、私は、300人ほどが暮らす団地の自治会

の役員及び班長も兼務しており、町の防災訓練やボランティア活動、町の季節の祭り開催の手伝い、河川敷の清掃活動等の町の社会活動も行っています。

　長女が小学校に入学して以降、私は、妻と協力して授業参観にも行きます。私と妻は、授業参観を通じてベトナムの小学校と比較しながら日本の小学校の教育の良さを知る機会があります。授業参観では、長女が周囲の小学生と触れ合う光景や、教員と小学生との双方的な授業が展開されていました。また、長女からは、小学校での学生生活は楽しいとよく聞きます。放課後は、スイミングスクールや学習塾に通っています。次女は、長女の時と同じように子育てを行っており、保育園に通って周囲の幼児と日本語で触れ合い、自宅ではベトナム語に触れ、最近では日本語とベトナム語が少しだけ話せるようになってきました。休日は、家族で過ごす時間を大切にしており、買い物や観光、旅行等で様々なところに出掛けます。

⑶　今後、どのように子育てをしたいですか

　子供たちには、日本語や日本文化とベトナム語やベトナム文化の両方を学ばせたいと考えています。子供たちには、家庭外の小学校での勉強や児童館、保育園で周囲の子供たちの触れ合いを通じて日本語や日本文化に触れ、私と妻が家庭内言語でベトナム語やベトナム文化を教える他にも、母国の土地に年に3回くらい出向いて祖父母に会わせたいです。

　子供たちが大きくなった時に、日本国籍を取得するかベトナム国籍を取得するかの選択は子供たちの考えを尊重したいと思います。将来、どちらの国籍を選択しても日本で自由に暮らせるように、子供たちの在留資格は「永住者」としています。私は、2021年に日本国籍を取得し、家族の名前を漢字で考えました。私の名前は、NGO VU HOANG（ゴー　ヴー　ホアン）で、ベトナム語の名前の「NGO＝ゴー」の「ゴー」は「ゴウ」とも日常生活で発音することから、「ゴウ」を日本で家族の名前と考え、「ゴウ」と読む様々な漢字の使用意味を調べて「郷」を家族の名前としました。「郷」には、生まれ育った土地である故郷のベトナムを想うという大切な意味が含まれています。

④ ２人の幼児と乳児のお子様の成長を見守る

ーワットヘーワ リヤナゲ ティリニ シャミカ
ディルルクシさん（スリランカ出身）ー

　ワットヘーワ リヤナゲ ティリニ シャミカ ディルルクシさんは、大学
４年生の頃に筆者の専門ゼミに所属し大学卒業後も個人的に親交のある教
え子です。ワットヘーワ リヤナゲ ティリニ シャミカ ディルルクシさん
は、2015年３月に母国で旦那様と婚約後の2016年４月に日本留学し、
2016年10月に来日した旦那様との暮らしが始まります。2018年４月に大
学進学後は、勉学と２人のお子様の育児の両立、2022年３月の大学卒業
後は、就労と３人のお子様の育児の両立を図っています。ワットヘー
ワ リヤナゲ ティリニ シャミカ ディルルクシさんには、就労と３人のお
子様の育児の両立を図る背景があります。

図表6-7　ディルルクシさんのご家族

※左から、次男、ディルルクシさん、長男、旦那様、三男

⑴　現在、どのような子育てを行っていますか

　私は、母国の外務省に国家公務員として務めていたケラニア大学大学院
（地理学）出身の夫と2015年３月に婚約しました。その後、私が2016年４
月に先に日本留学し、夫が2016年10月に日本留学しました。私と夫は、

日本で外国人留学生として一緒に暮らしながら、日本語学校で日本語を学習していました。

　私は、日本で大学進学して学問を学んで卒業することを目標としていたので、2018年4月に大学進学しました。夫は、母国で大学院を修了していることもあり、2018年3月の日本語学校卒業後は日本企業等に就職しました。その後も私と夫は、日本で一緒に暮らし続けて2018年8月に結婚式を行いました。

　そして、私は、外国人留学生の頃の2019年2月に長男と2021年2月に次男、大学卒業後の社会人の頃の2023年4月に三男が生まれ、義妹のサポートを受けながら夫と共に3人の子育てを行っています。私と夫は、共働きで生計を立てており、現在夫は在留資格「経営・管理」でスリランカの食料品を販売する会社を経営しています。

　長男と次男は、日中は同じ保育園に入ることができなかったため、別々の保育園に預けており、夫が長男と次男の朝の見送りと夕方の出迎えを行っています。生まれたばかりの三男の日中の世話は、在留資格「家族滞在」で来日した義妹にサポートしてもらっています。私は、仕事が終わってから帰宅後は3人の子供の夕食や風呂に入れた後に、長男の塾の宿題をチェックしています。

⑵　日本での子育ての環境はどうですか

　長男が生まれた2019年2月は、私が外国人留学生で夫が日本企業等に就職し、その時は保育園に入ることも難しい状況があり、どうしても大学に長男を連れて行かなければならず、大学の教職員の方々に個別事情の配慮をいただいて一緒に連れて行くこともありました。また、コロナ禍の2021年2月に次男が生まれた後の2021年4月からは、大学4年生で在留外国人のキャリアを学ぶ専門ゼミに所属して、自宅からオンラインで専門ゼミの講義を受講して学業と子育ての両立を図ることができました。

　大学卒業後の2022年4月からは、メーカーの事務職員として正社員として就職して働きながら、夫と協力して2人の子供を育てていました。就職して間もなく、就労と子育ての両立に苦労していた私と夫をサポートす

るために、母国から私の母が在留資格「短期滞在」で来日してくれて、在留期間中には様々な子育てのサポートもしてくれました。また、2023年4月には、三男が生まれ、来日した義妹にも子育てのサポートをしてもらっています。

　私と夫が共働きをしていることもあって、保育園に行っている長男や次男は、食器の後片付けや玩具の後片付け等が自分でできるようになって成長を感じます。3人の子供たちには、大変有難いことに児童手当をもらっているのですが、生計を立てていくために私と夫は共働きの選択をしています。

⑶　今後、どのように子育てをしたいですか

　3人の子供たちには、大人になった時に英語、シンハラ語、日本語の3か国語ができるような語学教育を日常生活で行うように心掛けています。子供たちが生まれた時からは、YouTubeで子供向けの動画を英語で閲覧させていて、長男や次男は英語が分かるようになってきました。また、私と夫の家庭内言語は、シンハラ語でその会話を長男や次男が毎日聞くことによって、シンハラ語も分かるようになってきました。そして、長男や次男は、保育園で日本語に触れる機会が毎日あります。長男や次男から話した英語やシンハラ語、日本語の会話は、話した言語に合わせて会話するように心掛けています。

　子供たちには、日本人の子供たちが通う小学校や中学校、高等学校に通って先ずは日本の教育を学んでほしいです。また、子供たちには、高等学校卒業後は日本の大学進学の進路だけに留まるのではなく、異国の土地でその国の法律や文化、価値観等に触れながら、諸外国の大学で学ぶ留学の選択肢も持っていてほしいです。そのような選択肢を持つためには、英語、シンハラ語、日本語等の語学力が大切です。子供たちに語学力が身に付くように、日常生活には語学教育を取り入れています。

❺ 乳児のお子様の成長を見守る
　ームハンマドフ ヴォリスジョンさん
　　　　　　　　　（ウズベキスタン出身）ー

　ムハンマドフ ヴォリスジョンさんは、大学4年生の頃に筆者の専門ゼミに所属し大学卒業後も個人的に親交のある教え子です。ムハンマドフ ヴォリスジョンさんは、2015年10月に外国人留学生として来日して留学生活を送る中で、偶然にも多様性や素晴らしい価値観を持ち合わせた日本人の奥様と出会い交際を続けて、2021年3月にモスクで結婚式を行いました。大学卒業後の2022年12月には、日本とウズベキスタンの2つの国のルーツを持つお子様が生まれて、奥様と協力して育児と仕事の両立を図っています。ムハンマドフ ヴォリスジョンさんには、奥様と協力して育児と仕事の両立を図る背景があります。

図表6-8　ムハンマドフ ヴォリスジョンさんのご家族

※左から、奥様、お子様、ムハンマドフ ヴォリスジョンさん

⑴　現在、どのような子育てを行っていますか
　現在、私は、妻と力を合わせて日本とウズベキスタンの2つの国のルーツを持つ子供の世話をしています。私は、そんな2つの国のルーツを持つ

子供の将来がとても楽しみです。

　私は、2015年10月に外国人留学生として来日後に日本語学校に入学し、大学進学を目指すために日本語学習に励んでいました。留学生活を送る中で、私は、偶然にも多様性や素晴らしい価値観を持ち合わせた日本人の妻と出会うことに恵まれて、2016年8月から交際を続けてきました。2017年3月に日本語学校を卒業後、私は、他大学で1年間の研究生という期間を経て、2018年4月に都内の大学に進学することができました。大学進学後も勉学に励むと共に、私は、ムスリムとして妻と交際を続けながら、結婚するまでは別々に暮らすと決めていました。そして、私は、結婚の決意や親族の方々への重恩を感じながら、大学3年生の2021年2月に日本での婚姻手続きを経て、妻がムスリムに改宗した後に2021年3月に都内のモスクで結婚式を行いました。

　2022年3月に大学卒業後、私たちは、幸運に恵まれて子供を授かることができ、将来の日本社会の暮らしに備えて私は在留資格を「留学」から「日本人の配偶者等」へ変更し、私は宅配の仕事を行い、妻は出産直前まで仕事に励みながら、一緒に子供の誕生を待ち望んでいました。2022年12月に私たちは、日本とウズベキスタンの2つの国のルーツを持つ子供が無事に生まれてきてくれて、子供の名前はウズベク語から願いを込めた言葉の発音をカタカナで名付け、ムスリムの一家としての儀式で子供の右耳に礼拝の時間としてのアザーン、そして左耳に礼拝の開始としてのイカーマを唱えました。子供には、日本とウズベキスタンの両方の言語や宗教、文化、価値観、考え方等を理解できるようになってほしいです。そのため、私たちは、言語として私がウズベク語、妻が日本語で子供に話すように日頃から心掛けています。最近では、そのような取組のお陰もあり、子供がウズベク語と日本語を少しだけ理解できるようになってきました。

　2023年10月には、長くコロナ禍で帰国して結婚式を挙げることが難しい状況でしたが、家族で母国に行くことが叶って、念願であった母国でも結婚式を挙げることができました。実家で行った結婚式には、両親、親戚の他にも友達や実家の周辺の人々等の700人くらいの方々が参列してくれて、私たちにとって素晴らしい記念日となりました。

⑵　日本での子育ての環境はどうですか

　子供が生まれてからは、母国と比較して日本には素晴らしい環境がたくさんあることに気づきました。例えば、子育てに適した食べ物や住まい、交通、施設等が挙げられます。食べ物では、スーパーマーケットに行くと年齢に合った食べ物が売られていて、種類も豊富で子供の食べ物のニーズを細かく捉えています。また、住まいでは、お風呂にシャワーと浴槽があって子供のお風呂の時間は快適ですし、子育てし易い家電も多くて助かります。その他には、電車やバス等に子育て世代には助かる優先席があり、施設には子育て世代向けの優先のエレベーターや子供向けのトイレ等もあります。

　母国にいる両親や兄弟にも子供の成長を楽しんでもらおうと，私は、ムスリムである両親の祈祷時間を避けることや、4時間ある時差から時間帯を考えながら、頻繁にビデオ通話で子供の元気な姿を見せています。

⑶　今後、どのように子育てをしたいですか

　2024年1月からは、子供を保育園に預けて妻は復職し、私が宅配の仕事を行って共働きとなります。私は、仕事の時間の調整を図りながら、妻のサポートや家事の負担を緩和させること、子供の見送りや出迎え等も行っていきたいです。私は、妻や子供との幸せな家族生活ができるように、現在の宅配という仕事を選んでいて、家族生活に合わせて今後の就職や起業等の様々な働き方の可能性を考えます。

　子供には、日本語とウズベク語を学びながら、日本の小学校や中学校、そして高等学校に進学して多様な国籍の友達と交流してもらいたいです。高等学校を卒業した後は、日本国籍にするかウズベキスタン国籍にするかは子供の考えを尊重したいです。子供には、日本の高等学校を卒業した時に、自由で自分が希望する進路が歩めるように、日本だけではなくウズベキスタン、その他の国の大学進学等も検討できる語学力や様々な宗教の理解、文化、価値観、考え方等も身に付けてもらいたいです。

第 ⑦ 章　地域社会の構成員として

① 地域社会の多文化共生に必要なこと

　先述したように、2022年の日本の総人口1億2,495万人に占める在留外国人数308万人の割合は2.5％でした。今後、この割合は、日本の少子高齢化が進むと共に外国人の受入れが促進するに伴って高まるでしょう。現在の2.5％という割合は、多様性を国力として捉えて社会を豊かにしていこうとする外国人の受入れを行う諸外国と比較してみると低い割合です。

　日本で外国人の受入れが促進するに伴って、地域社会では、多様な文化や言葉、心情、宗教、価値観等を有する様々な国籍の在留外国人の留学、就職、起業、婚姻、子育て等の様々なライフシーンを見聞することも増えてきます。

　このような状況の中で、先述した総務省が2006年3月に示した「国籍や民族などの異なる人々が、互いの文化的ちがいを認め合い、対等な関係を築こうとしながら、地域社会の構成員として共に生きていくこと」という地域社会における多文化共生の定義を再認識する機会も増えるでしょう。これまでに、少子高齢化が加速する日本社会で在留外国人の教え子たちの暮らしを留学、就職、起業、婚姻、子育てという視点からリアルを伝えてきました。教え子たちに日本社会での暮らしをインタビューする中で、筆者は、地域社会の多文化共生に必要なことについても改めて考えていかなければならないと実感しました。

　留学のライフシーンにおいて、外国人留学生の教え子たちからは、学校卒業後に日本企業等で就職や日本で起業したいという前向きな日本社会でのキャリア計画を確認できました。教え子たちの中には、日本企業等での就職や日本で起業を目指す留学生活中に婚姻するケースも散見されました。留学生活中に婚姻した教え子たちの中には、母国での婚姻に対する婚姻年齢の考え方や故郷での婚姻ルール等が日本と異なるため、留学生活中に婚姻して学業に励む者も珍しいことではありません。

就職のライフシーンにおいて、就職した教え子たちには、在留外国人としての強みを持って能力を十分に活かせる仕事に携わり、仕事を通じて日本社会で長期的なキャリア構築の希望がありました。教え子たちの仕事からは、同胞の日本社会の受入れに伴って様々な日本企業等で働く同胞を支えるマネジメント職の必要性や様々な支援の示唆がありました。また、教え子たちが気づいた日本社会にあったら良いと考えるビジネス視点や母国との繋がりは、様々なビジネスの創造の可能性があります。

　起業のライフシーンにおいて、起業した教え子たちには、留学生活の放課後のアルバイトで学んだことや学校を卒業後に就職して身に付けたビジネスノウハウを活かして起業し、日本で起業するという夢を叶えて日本と母国を繋ぐ事業展開に奮闘する姿がありました。外国人経営者には、在留外国人に特有な資本金額等の起業準備や在留資格変更・更新、資金繰り、法人口座開設の難しさ、許認可の確認、事務所の賃貸契約、ビジネスプランの具現化、会社の広報関係の整備、日本語での様々な行政手続き等の会社整備のスピード感に苦労する姿もありました。

　婚姻のライフシーンにおいて、婚姻した教え子たちには、日本人と外国人の婚姻や外国人同士の婚姻のケースを確認し、婚姻後の日本社会での幸せな暮らしがありました。外国人同士の婚姻のケースでは、母国にいるパートナーを呼び寄せて日本社会で一緒に暮らす喜びを共有し、来日したパートナーが区役所の日本語教室で日本語を学びながら少しずつ生活に慣れていき、将来の生活を思い浮かべながら日本社会での暮らしを長期的に考える家族の様子がありました。

　子育てのライフシーンにおいて、親となった教え子たちは、日本と母国の両国を考えた子育てがとても印象的でした。教え子たちの子育てには、日本と母国のことを理解してほしいという願いを持って、言語や宗教、文化、価値観、考え方等を学ぶための日々の暮らしに様々な工夫がありました。教え子たちの中には、お子様が大人になった時に母国等への留学もチャレンジできるようになってほしいという考えもありました。また、教え子たちからは、母国の両親が来日して子育ての支援が可能な在留資格があれば助かるという声もありました。

このような様々なライフシーンにおいて教え子たちからは、日本社会での暮らしを前向きに考えていて、長期的に暮らしていきたいという希望の声を聞くことができました。今後、日本の在留外国人の増加に伴う地域社会においては、多様な文化や言葉、心情、宗教、価値観等を有する様々な国籍の在留外国人が暮らすライフシーンを認知し理解して、日本人と在留外国人が一緒に地域社会のことを考えて良くしていこうと相互の共感を促進する機会をより一層増やしていくことが大切です。

❷ 日本で異文化に触れる

日本では、在留外国人が増加する中で異文化に触れるシーンが増えてきています。そして、在留外国人が暮らす地域社会には、先述した教え子たちの暮らしのような留学、就職、起業、婚姻、子育ての様々なライフシーンがあります。留学生教育に携わる者や在留外国人の雇用主、外国人児童が通う学校関係者等の在留外国人と日頃関わる機会がある方は、在留外国人を通じて異文化に触れる機会は身近なことです。それでは、在留外国人と日頃関わる機会がない方にとっては、異文化に触れる機会は身近なことではないのでしょうか。

筆者は、在留外国人と日頃関わる機会がない方でも日本にいながら異文化に触れる機会は身近なことであると考えます。異文化に触れる身近な機会には、店舗でアルバイトとして働く在留外国人とのコミュニケーションや多文化共生街での飲食や買い物、異文化交流を目的としたフェスティバルの散策、団体主催の日本語スピーチコンテストの見学、市区町村主催の異文化交流イベントの参加、メディアで異文化を知る等があります。

日本社会では、私たちが日頃利活用するコンビニエンスストアや居酒屋、ファーストフード店等でアルバイトとして働く外国人留学生を見かけることは珍しくありません。このような私たちが日頃利活用する店舗には、アルバイトスタッフとして働く外国人留学生の接客や挨拶等のコミュニケーションを通じて異文化に触れる機会があります。

都内には、在留外国人が営む飲食店や食材店、小売店等が集まる池袋や高田馬場、新大久保、西葛西等の多文化共生街が散見されます。例えば、高田馬場の周辺を散歩してみると、ミャンマー人が営む少数民族の料理店や雑貨店、中国人が営む食品スーパーや中国料理のチェーン店、ベトナム人が営む食材店やファーストフード店、ネパール人が営むカレー屋、トルコ人が営むケバブ屋等、異国の店舗が多くあります。そのような在留外国人が多く暮らす地域や異国の店舗が集まる多文化共生街に出掛けて、在留外国人が営む店舗に入って飲食や買い物を楽しむことも異文化に触れる機会です。

　住まいの近くに在留外国人の暮らしや異国の店舗を営む光景がない場合は、休日を利用して異文化交流を図る目的で開催されているフェスティバルに出掛けることや、団体主催の日本語スピーチコンテストを見学して在留外国人のスピーチを聞くこと、市区町村主催の異文化交流のイベントに参加してみることも異文化に触れる機会となります。

　最近では、出掛けて異文化に触れるだけではなく在留外国人の暮らしについてテレビや新聞、寄稿やコラム記事等で知る機会も増えてきています。このようなメディアを通じて在留外国人の暮らしを知って異文化に関心を持ちながら、在留外国人の暮らしを考えることも異文化に触れる機会です。

　このように、私たちの身近な暮らしには、異文化に触れる機会が多くあることが分かります。在留外国人と日頃関わる機会がない方であっても、私たちの身近な暮らしの中には、異文化に触れる機会は多くあるのです。

❸ 留学生教育の現場から

　大学での留学生教育の現場からの教育・研究だけではなく、様々な異文化理解・交流・体験を促進する3名の先生方との活動を紹介します。本節では、(1)高大連携を通じた異文化体験、(2)通訳支援学生が牽引する留学生オープンキャンパス、(3)在留外国人からの学びを留学生教育に活用、の3点の活動を紹介します。

⑴　高大連携を通じた異文化体験

　金森慶一教授は、長年、神奈川県の県立高等学校に在職し、校長も6年間歴任されました。金森慶一教授のご支援のもとで筆者とは、高校生と本学の外国人留学生が農場体験等を通じて様々な異文化理解・交流・体験等の活動を促進できればという想いを持ち、異文化を意識した高大連携に取り組んでいます。

　2023年8月には、神奈川県立相原高等学校にベトナム出身者10名、ネパール出身者3名、スリランカ出身者1名、中国出身者1名、モンゴル出身者1名、の5か国16名の専門ゼミに所属する教え子たちと共に出向き、平塚専一校長にご配慮いただき、巻島弘敏総括教諭のご支援のもとに、畜産科学科の高校生による牛や羊、放牧場・鶏舎・車庫・牛舎・堆肥舎・豚舎の分かりやすい案内や飼育方法、施設管理の説明を受けながら、母国との農場の異同点を確認するなど、相互の学生にとって有意義な異文化理解・交流・体験となりました。参加した教え子たちからは、「日本で農場を学べる高等学校があることを初めて知りました」「農場で学ぶ高校生の目的意識の高さが理解できました」「環境を意識して牛糞等も大切に再利用されていました」「日本と母国の畜産ニーズの違いが分かりました」等の様々な学びの声を聞くことができました。

　2023年12月には、神奈川県立平塚農商高等学校にスリランカ出身者2名の専門ゼミに所属する教え子たちと共に出向き、河合俊直校長にご配慮いただき、岸健一郎教諭及び平尾明日香教諭のご支援のもとに、平塚農商高等学校・富士見公民館共済事業で敷地の商業教育棟6次製造室に地域住民が集い、平塚農商高等学校農業クラブ食品科学研究班の高校生による研究発表やきのこスープ作り、敷地内ツアーが開催されました。きのこスープ作りを体験した教え子たちからは「高校生のきのこの研究発表がとても分かりやすかったです」「きのこスープがとても美味しかったです」「地域住民の方々と談話して交流ができて楽しかったです」等の様々な学びの声を聞くことができました。敷地内ツアーでは、高校生と教え子たちが食について談話する光景もありました。

⑵ 通訳支援学生が牽引する留学生オープンキャンパス

　増田昌幸准教授は、総合商社や大規模私立大学における勤務経験があり、人材開発・組織開発を研究テーマとする人的資源管理の専門家です。増田昌幸准教授と筆者は、日本語学校や専門学校から大学進学等を検討する留学生向けのオープンキャンパスの運営を行っています。このオープンキャンパスの特色として、参加者に対して母語で対応するという支援があります。

　毎回、様々な国籍の参加者に日本語で大学説明や入試説明等を行いますが、日本語では十分に理解が得られないところを参加者が母語で気軽に質問ができるような環境を整えています。そのため、参加者の国籍状況に合わせて母語対応が可能な通訳支援学生を大学の在籍者から募っています。

　通訳支援学生は、中国やベトナム、ネパール、ウズベキスタン、スリランカ、ミャンマー、モンゴル等の多様な国籍の外国人留学生で構成されています。通訳支援学生たちは、教職員やその他の国籍の仲間たちと協力しながら、同胞の参加者のために通訳支援を行います。この活動を通じて、通訳支援学生たちは大きな遣り甲斐を感じ、留学生オープンキャンパスの運営に毎回積極的に関わってくれています。通訳支援学生の中には、シンハラ語や英語、日本語の３か国語で対応可能なスリランカ出身者やネパール語や英語、ヒンディー語、日本語の４か国語が対応可能なネパール出身者、ウズベク語やロシア語、タジク語、トルコ語、日本語の５か国語が対応可能なウズベキスタン出身者がいます。このような複数言語の対応可能な通訳支援学生には、同胞だけではなく他国籍の参加者の通訳支援も行ってもらうことがあります。

　留学生オープンキャンパスの終了後には、増田昌幸准教授と共に通訳支援学生と集い、通訳支援学生から参加者と母語でヒアリングした受験相談のニーズを共有・理解し、次回の留学生オープンキャンパスに活かしています。

⑶　在留外国人からの学びを留学生教育に活用

　竹内健太講師は、タイ王国での外国人としての日本語学校や大学での就労経験、日本で日本語学校等の日本語教師としての実務経験を活かして外国人留学生の心情を配慮した留学生教育を行っています。長年、竹内健太講師とは、現場での留学生教育を通じて学んだことを共同で外国人留学生の就労に関連した書籍や大学紀要論文の執筆、さらには就労している在留外国人のインタビューを通じた解説記事の寄稿、多文化共生の大切さを伝えるためのジャーナルへの寄稿、専門語彙に関するオリジナル教材の開発等を行ってきました。留学生教育を通じて学んできたことは、形式知にして現場の留学生教育に活かしてきました。その他にも竹内健太講師とは、教室の中での留学生教育だけではなく、日本社会で暮らす在留外国人の支援も行ってきました。

　会社経営では必須アイテムといえる名刺やパンフレット、ホームページ等の広報物の制作は、ビジネス日本語で悩む外国人経営者にとって様々な制作課題があります。なぜならば、外国人経営者が理想とする名刺やパンフレット、ホームページはあるものの、それらを具現化するには正しいビジネス日本語での表現やスピード感が求められ、制作会社とのやり取りも生じます。そのような広報物の制作に悩む外国人経営者を竹内健太講師が見た時に、在留外国人の支援の一環として無償でビジネス日本語のチェックやディレクションを行いながら、知り合いの在留外国人の暮らしを理解しているデザイナーに繋いでいただきました。そのお陰もあり、外国人経営者の心情を読み取った名刺やパンフレット、ホームページの制作を行うことができ、外国人経営者は理想を叶えることができました。

　この他にも、竹内健太講師の在留外国人の心情を理解する心掛けは留学生教育の現場でも活かされています。竹内健太講師は、外国人留学生の教え子の母国の実家に招待され、その教え子の特別な招待への心情の理解や故郷を知りたいという想いから母国を訪れました。また、学内の日本語スピーチコンテストにおいては、出場者の国籍や日本語の特徴、性格等の個性を踏まえた個別指導から最優秀賞者を輩出しています。

おわりに

　本書では、留学生教育・研究に携わってきた筆者が親交のある在留外国人の教え子たちの日本社会での暮らしを留学、就職、起業、婚姻、子育てに焦点を当て、インタビュー結果を踏まえて、ライフストーリーとして読み解いてきました。

　2023年6月から2023年11月までの期間にインタビューに協力した教え子たちは、ベトナム出身者8名、ネパール出身者5名、中国出身者4名、スリランカ出身者3名、ミャンマー出身者3名、ウズベキスタン出身者2名、モンゴル出身者2名、バングラデシュ出身者1名、の8か国28名です。8か国28名の教え子たちには、本書を執筆するにあたってインタビュー協力をいただき深く感謝いたします。また、本書を執筆するにあたって活動報告の執筆協力をいただいた金森慶一教授、増田昌幸准教授、竹内健太講師、編集支援協力をいただいた専門ゼミ所属の大澤果生留さんには心から感謝申し上げます。本書が企画から製本に至るまでの間には、日本橋出版株式会社の代表取締役大島拓哉様の多大なご協力をいただき深く謝意を表します。

　本書を通じて、様々な読者が日本社会で在留外国人がどのように暮らしているかを知る機会となり、日本社会で暮らす在留外国人と共に今後の多文化共生を考えていくキッカケとなりましたら幸甚です。読者の皆様には、最後まで本書をお読みいただきありがとうございました。

2024年3月

山下　誠矢

参考文献

〈書籍〉

南雲智・寺石雅英編（2019）.『留学生の日本就職ガイド2021』，論創社。

南雲智・寺石雅英編（2020）.『留学生の就活入門』，論創社。

〈論文〉

山下誠矢・竹内健太・田中陽介（2019）.「日本の外国人の受入れ・多文化共生に関する研究」，『日本経大論集』，第49巻第1号，47-59頁。

山下誠矢・竹内健太（2020）.「日本の人口減少と新たな外国人材の受入れに関する研究」，『日本経大論集』，第50巻第1号，69-88頁。

山下誠矢（2021）.「留学生のための就職支援教材活用の試み」，『日本経大論集』，第51巻第1号，111-118頁。

〈新聞記事〉

山下誠矢「少数派の外国人を助けよう」，『日本経済新聞』，2019年9月19日。

山下誠矢「日本で起業する留学生の支援を」，『日本経済新聞』，2020年12月21日。

山下誠矢「特定技能の在留者に永住への道を」，『日本経済新聞』，2022年10月19日。

山下誠矢「在留外国人も詐欺被害から守れ」，『日本経済新聞』，2023年12月28日。

〈解説記事〉

山下誠矢「【ポイント①】留学生の新卒採用者の在留資格変更」，https://hrzine.jp/article/detail/3527，2024年2月7日アクセス。

山下誠矢「【ポイント②】留学生を新卒採用する場合の採用要件」，https://hrzine.jp/article/detail/3591，2024年2月7日アクセス。

山下誠矢「【ポイント③】留学生を獲得するための新卒採用専用HPの設置」，https://hrzine.jp/article/detail/3685，2024年2月7日アクセス。

山下誠矢「【ポイント④】留学生の新卒採用選考で必要な配慮や確認」，
　https://hrzine.jp/article/detail/3834，2024年2月7日アクセス。
山下誠矢「【ポイント⑤】留学生の在留資格変更許可申請」，https://hrzine.
　jp/article/detail/3857，2024年2月7日アクセス。
山下誠矢「留学生にリファラル採用での就職を推奨する2つの背景」，
　https://hrzine.jp/article/detail/4137，2024年2月7日アクセス。
山下誠矢「【ケース①】留学生ファム・ミン・チャンさんの就職——外食
　企業の正社員を目指したわけ」，https://hrzine.jp/article/detail/4209，
　2024年2月7日アクセス。
山下誠矢「【ケース③】留学生グエン・ヴァン・リンさんの就職——監理
　団体の正社員を目指したわけ」，https://hrzine.jp/article/detail/4340，
　2024年2月7日アクセス。
山下誠矢「【総括】ケースに見る留学生の就職の共通ポイント」，https://
　hrzine.jp/article/detail/4492，2024年2月7日アクセス。

〈コラム〉
山下誠矢「コロナ禍を生きる留学生」，https://web-opinions.jp/posts/detail/
　396，2024年2月7日アクセス。
山下誠矢「留学生の専門日本語教育の大切さ」，https://web-opinions.jp/
　posts/detail/419，2024年2月7日アクセス。
山下誠矢「同胞によって支えられている外国人留学生のリファラル採用」，
　https://web-opinions.jp/posts/detail/435，2024年2月7日アクセス。
山下誠矢「永住を希望する外国人留学生の意見から日本社会を考える」，
　https://web-opinions.jp/posts/detail/456，2024年2月7日アクセス。
山下誠矢「外国人経営者となった教え子から学ぶこと」，https://web-
　opinions.jp/posts/detail/507，2024年2月7日アクセス。
山下誠矢「留学生の学生生活の大切なコミュニケーションツール」，
　https://web-opinions.jp/posts/detail/531，2024年2月7日アクセス。
山下誠矢「留学生の日本語資格取得の外発的動機づけの大切さ」，https://
　web-opinions.jp/posts/detail/574，2024年2月7日アクセス。

山下誠矢「外国人留学生の求人から実感するインバウンド需要の回復」，
　https://web-opinions.jp/posts/detail/594，2024年2月7日アクセス。

山下誠矢「高大連携を通じた異文化交流・農業体験」，https://web-opinions.
　jp/posts/detail/613，2024年2月7日アクセス。

山下誠矢「異国籍の外国人経営者が集うビジネス交流会の先に」，https://
　web-opinions.jp/posts/detail/643，2024年2月7日アクセス。

〈省庁等のウェブサイト〉

外務省「モンゴル基礎データ」，https://www.mofa.go.jp/mofaj/area/mongolia/
　data.html，2024年2月7日アクセス。

公益財団法人愛知県国際交流協会「相談員のための多文化ハンドブック＝
　結婚・離婚編＝2020年3月」，https://www2.aia.pref.aichi.jp/sodan/j/
　manual/img/202003kekkonrikon/00all.pdf，2024年2月7日アクセス。

厚生労働省「人口動態調査」，https://www.mhlw.go.jp/toukei/list/81-1.
　html，2024年2月7日アクセス。

総務省「多文化共生の推進に関する研究会報告書～地域における多文化共
　生の推進に向けて～」，https://www.soumu.go.jp/kokusai/pdf/sonota_
　b5.pdf，2024年2月7日アクセス。

総務省統計局「人口推計」，https://www.stat.go.jp/data/jinsui/index.html，
　2024年2月7日アクセス。

出入国在留管理庁「2022年末現在における在留外国人数について」，
　https://www.moj.go.jp/isa/publications/press/13_00033.html，2024年
　2月7日アクセス。

出入国在留管理庁「在留資格一覧表」，https://www.moj.go.jp/isa/applications/
　guide/qaq5.html，2024年2月7日アクセス。

出入国在留管理庁「在留外国人統計（旧登録外国人統計）結果の概要」，
　https://www.moj.go.jp/isa/policies/statistics/toukei_touroku_gaiyou.
　html，2024年2月7日アクセス。

出入国在留管理庁「外国人材の受入れ及び共生社会実現に向けた取組」，https://www.moj.go.jp/isa/content/001335263.pdf，2024年2月7日アクセス。

出入国在留管理庁「特定技能2号の対象分野の追加について（2023年6月9日閣議決定）」，https://www.moj.go.jp/isa/policies/ssw/03_00067.html，2024年2月7日アクセス。

出入国在留管理庁「永住許可に関するガイドライン（2023年12月1日改訂）」，https://www.moj.go.jp/isa/publications/materials/nyukan_nyukan50.html，2024年2月7日アクセス。

出入国在留管理庁「在留資格認定証明書交付申請」，https://www.moj.go.jp/isa/applications/procedures/16-1.html，2024年2月7日アクセス。

出入国在留管理庁「日本語教育機関への入学をお考えのみなさまへ」，https://www.moj.go.jp/isa/publications/materials/nyuukokukanri07_00159.html，2024年2月7日アクセス。

出入国在留管理庁「2021年における留学生の日本企業等への就職状況について」，https://www.moj.go.jp/isa/content/001386483.pdf，2024年2月7日アクセス。

文部科学省「「留学生30万人計画」骨子の策定について」，https://www.mext.go.jp/a_menu/koutou/ryugaku/1420758.htm，2024年2月7日アクセス。

文部科学省「学校基本調査」，https://www.mext.go.jp/b_menu/toukei/chousa01/kihon/1267995.htm，2024年2月7日アクセス。

文部科学省「日本語指導が必要な児童生徒の受入状況等に関する調査結果の概要」，https://www.mext.go.jp/content/20230113-mxt_kyokoku-000007294_3.pdf，2024年2月7日アクセス。

文部科学省「学校教育法施行規則の一部を改正する省令等の施行について（通知）」，https://www.mext.go.jp/a_menu/shotou/clarinet/003/1341903.htm，2024年2月7日アクセス。

〈著者・執筆協力者・編集支援協力者・インタビュー協力者一覧〉

〈著者〉

日本経済大学准教授

山下 誠矢（やました せいや）

群馬大学社会情報学部卒業。横浜市立大学大学院国際マネジメント研究科博士前期課程修了。修士（経営学）。

　企業でコンサルティング業務従事後、早稲田文理専門学校経営ビジネス系教員／教務主任等を経て、日本経済大学経営学部経営学科専任講師、准教授／教務部長補佐。現在、日本経済大学経営学部経営学科准教授。専門分野は、経営学、異文化経営、キャリアデザイン、留学生教育等。公益財団法人勤労青少年躍進会・一般社団法人日本勤労青少年団体協議会主催の若者を考えるつどい2023「働くってなんだろう」エッセイコンテストで「留学生教育という仕事からの関心」にて佳作受賞。本書では、はじめに、第1章、第2章、第3章、第4章、第5章、第6章、第7章、おわりに、の執筆を担当。

〈執筆協力者〉

日本経済大学教授

金森 慶一（かなもり けいいち）

中央大学商学部商業・貿易学科卒業。

　神奈川県立小田原城東高校（現小田原東）商業科教員として採用される。所有免許は商業、社会、英語（高1種）。相原高校で教頭、厚木商業高校で副校長となり、校長として小田原総合ビジネス高校（現小田原東）で2年、平塚商業高校全日制・定時制（現平塚農商）で4年務め、退職。その後、日本経済大学で教授として教職関係科目を担当し、教務部長、高大連携委員長を務める。高校教員時は、授業（英語実務）や部活動（スピーチ部）を通じて異文化理解、国際交流に積極的に携わり、座間アメリカンス

クールとの相互交流、各種英語スピーチコンテスト、留学生との交流、長期・短期留学の派遣・受入等を実施した。全商英語スピーチコンテストでは、全国大会出場に向けた指導。校長時には、全国商業高等学校長協会常務理事、公益財団法人全国商業高等学校協会理事・珠算・電卓研究部部長、神奈川県商業教育研究会会長、神奈川県高等学校教科研究会商業部会部会長、神奈川県高文連常任委員囲碁部会会長、生徒商業研究発表大会神奈川県予選会審査員、平塚地区高等学校定時制教育振興会顧問を務めた。また、神奈川県の商業科若手教員研修会、商業科教員研修会等、人材育成に努めた。商業教育活性化として、チャレンジショップの学校敷地内営業と商品開発、東北大震災復興支援活動である"東北商店街パートⅡ"（東北及び神奈川の商業高校の合同イベント"商業の絆"）を開催。これら高校現場での経験を大学での高大連携等で活用し、さらなる充実を目指している。本書では、第7章の3　留学生教育の現場から「高大連携を通じた異文化体験」の活動報告にて執筆協力。

日本経済大学准教授
増田　昌幸（ますだ　まさゆき）
東京工業大学大学院社会理工学研究科価値システム専攻博士後期課程単位取得満期退学。博士（学術）。

　大学卒業後、株式会社トーメン（現・豊田通商株式会社）勤務。TOMEN Hot-line HK.Ltd.に出向しインドネシア（ジャカルタ）駐在員となる。その後、同社を退職し学校法人法政大学、学校法人神奈川大学を経て、現在、日本経済大学経営学部経営学科准教授。専門は人的資源管理理論でホワイトカラー研究を行っている。主な著書に、『優れた人材のキャリア形成とその支援』（共著、ナカニシヤ出版）、『就職活動から一人前の組織人まで：初期キャリアの事例研究』（共著、同友館）がある。本書では、第7章の3　留学生教育の現場から「通訳支援学生が牽引する留学生オープンキャンパス」の活動報告にて執筆協力。

日本経済大学講師

竹内　健太（たけうち　けんた）

明治大学法学部法律学科卒業。

　広告企業でイベント制作やテレビコマーシャル制作業務従事後、日本語教師に。その後、タイに渡り現地の大学と日本語学校において様々な国籍の日本語学習者と接する。帰国後、都内日本語学校非常勤講師を経て、現在、日本経済大学経営学部経営学科専任講師。海外での様々な経験や体験を活かし、外国人として異国で生活する人の立場や心情を考えながら留学生日本語教育に携わる。趣味は旅行であるが、特にこれまでのバックパッカーとしての海外での発見や出会いは、留学生日本語教育に携わる者として欠かすことのできないものである。今後のより良い多文化共生のために、自身の経験も踏まえ、現場で試行錯誤を続けている。本書では、第7章の3　留学生教育の現場から「在留外国人からの学びを留学生教育に活用」の活動報告にて執筆協力。

〈編集支援協力者〉

日本経済大学経営学部経営学科3年

大澤　果生留（おおさわ　かおる）

神奈川県立茅ケ崎西浜高等学校卒業。

　高等学校卒業後、日本経済大学経営学部経営学科に入学し、社会起業家・事業承継コースに所属し、経営分野の学科専門科目や起業に関連したコース専門科目を中心に学ぶ。現在、専門ゼミでは、外国人留学生と共に多様性を理解しながら在留外国人のキャリアについて専門知識の習得に励む。本書では、はじめに、第1章、第2章、第3章、第4章、第5章、第6章、第7章、おわりに、の執筆原稿の確認を担当。

〈インタビュー協力者（掲載順）〉

マイ ヴァン キエン（ベトナム出身）

ニラウラ ミナ（ネパール出身）

ギシン ナニ マヤ（ネパール出身）

李 永金（中国出身）

スポンクロフ シンドル イブロヒモビッチ（ウズベキスタン出身）

フ ヌ アイ ニュン（ベトナム出身）

史 雨菲（中国出身）

劉 宇瑄（中国出身）

レ ティ ロアン（ベトナム出身）

テッ アウン リン（ミャンマー出身）

シルワル プラティブ（ネパール出身）

グエン ヴァン リン（ベトナム出身）

ダン バン リン（ベトナム出身）

ユン ワン ヘリング（ミャンマー出身）

グエン ズイ マン（ベトナム出身）

チャン ゴック トゥアン（ベトナム出身）

チャリセ ヤマラル（ネパール出身）

ヘワヴィタラナ チンタニ バーギャ（スリランカ出身）

ライ ユニス（ネパール出身）

バトデルゲル ツォボーバヤル（モンゴル出身）

格日勒図（中国出身）

スリヤ ムディヤンセラゲ カヴィシュカ エシャン ラトナスリヤ
（スリランカ出身）

ヌルザマン（バングラデシュ出身）

エイ タンモン／中野 瞳（ミャンマー出身）

アルタンゲレル ダライフー（モンゴル出身）

ゴー ヴー ホアン（ベトナム出身）

ワットヘーワ リヤナゲ ティリニ シャミカ ディルルクシ（スリランカ出身）

ムハンマドフ ヴォリスジョン（ウズベキスタン出身）

山下　誠矢（やました せいや）
日本経済大学准教授
1985 年、神奈川県横浜市生まれ。
群馬大学社会情報学部卒業。横浜市立大学大学院国際マネジメント研究科博士前期
課程修了。修士（経営学）。企業でコンサルティング業務従事後、早稲田文理専門学
校経営ビジネス系教員／教務主任等を経て、日本経済大学経営学部経営学科専任講
師、准教授／教務部長補佐。現在、日本経済大学経営学部経営学科准教授。専門分
野は、経営学、異文化経営、キャリアデザイン、留学生教育等。公益財団法人勤労
青少年躍進会・一般社団法人日本勤労青少年団体協議会主催の若者を考えるつどい
2023「働くってなんだろう」エッセイコンテストで「留学生教育という仕事からの
関心」にて佳作受賞。

ニッポンを選んだ外国人留学生は今？　日本と母国の懸け橋となって

2024 年 4 月 8 日　　第 1 刷発行　　　2024 年 5 月 24 日　　第 2 刷発行

著　　者───　山下誠矢
発　　行───　日本橋出版
　　　　　　　〒 103-0023　東京都中央区日本橋本町 2-3-15
　　　　　　　https://nihonbashi-pub.co.jp/
　　　　　　　電話／ 03-6273-2638
発　　売───　星雲社（共同出版社・流通責任出版社）
　　　　　　　〒 112-0005　東京都文京区水道 1-3-30
　　　　　　　電話／ 03-3868-3275